Stefan Kleinknecht
schreibt ...

LOVE YOUR LIFE!

70 Andachten im WhatsApp-Style

GerthMedien

 Inhalt

Vorwort
Ben schreibt …

Ben
Willst du mit mir leben? ✓✓

Lisa
Ähm. Wir kennen uns doch erst
seit drei Wochen … 😊 ✓✓

Ben
Aah, diese Autofahrer immer! Ich könnte
mein Candy wegschmeißen … ✓✓

Lisa
??? Welche Autofahrer!? ✓✓

Ben
Sollte heißen: * Willst du mit mir
reden? Und „Autokorrektur" und
„Handy" natürlich. Arrrgh! ✓✓

Lisa
 ✓✓

Stefan

Autokorrekturen können unglaublich lustig sein. Das hast du sicher auch schon erlebt. Zumindest wenn du zu den über eine Milliarde Nutzern weltweit gehörst, die WhatsApp am Start haben. Kaum jemand hat WhatsApp heutzutage nicht auf seinem Smartphone. Denn wo sonst kannst du so superschnell das Foto vom leckeren Essen an deine Freundin verschicken oder deinen Eltern sagen, dass du zehn Minuten später kommst. Ja, diese App ist einfach nice und gehört inzwischen zum Leben dazu.

Deswegen entstand auch die Idee zu diesem Buch. Es gibt unzählige Andachten. Doch hast du schon mal eine Chat-Andacht im WhatsApp-Style gelesen? Denn wenn sich in einer WhatsApp-Gruppe vier junge Leute mit Einstein und Preacherman über Fragen aus dem Leben unterhalten, wird es richtig spannend: Was bedeutet echte Liebe? Wie kann ich meine Träume verwirklichen? Was macht mich schön? Und immer mit dabei: Das Thema Glaube. Was sagt eigentlich Gott zu den Fragen des Lebens? Und warum war Jesus immer anders als gedacht, nie Mainstream?

Ach ja, apropos Gott. Der ist ebenfalls in der WhatsApp-Gruppe aktiv. Manchmal schaltet er sich ein und sagt an, was seine Meinung zum Thema ist. Zudem wirst du im Buch merken: Bei Gott ist die Frage von Ben „Willst du mit mir leben?" immer ganz real. Denn er will nicht dein netter Bart-Opi auf der Wolke da oben sein. Er will als dein Freund mit dir in Beziehung sein und ein wichtiger Teil deines Lebens sein – am liebsten sogar ein noch wichtigerer als WhatsApp es ist!

Ich wünsche dir viel Freude beim Lesen und Nachdenken über Gott und die Welt!

Dein Stefan

Hier endet der Chat

Spiegelbild
Marie schreibt …

Marie
Hi Leute, heut hab ich was Krasses in der Schule erlebt. Unsere Lehrerin hielt einen 50-Euro-Schein hoch und fragte: „Wer will ihn haben?" ✓✓

Ben
Echt jetzt!? Den wollte doch jeder, oder? ✓✓

Marie
Na logo! Natürlich hoben wir alle die Hand. Aber dann zerknüllte sie den Schein plötzlich und fragte: „Wer will ihn jetzt noch?" ✓✓

Marie
Klar, wieder hoben alle die Hände. Die Lehrerin warf den zerknüllten Schein auf den Boden, trampelte darauf herum und fragte dann: „Und wer will ihn immer noch?" ✓✓

Leon
Ich würd ihn immer noch nehmen! ✓✓

Lisa
Ich auch! Ist doch immer noch gleich viel Geld. ✓✓

Marie
Ja, wieder hoben alle die Hände. Dann sagte sie: „Leute, egal was ich mit diesem Geldschein mache – ihr wollt ihn trotzdem haben. Und warum? Weil sein Wert sich nicht verändert. Er ist immer 50 Euro wert." ✓✓

Marie
Und dann sagte sie: „Vielleicht wirst du in deinem Leben mal verzweifelt sein. Weil Menschen dich mobben, dich hassen, dir das Gefühl geben, nichts mehr wert zu sein. Sie trampeln auf dir rum …"

Leon
… wie auf dem Geldschein …

Marie
Genau. Dann schaute sie jeden von uns an und meinte: „Doch sei dir ganz sicher: Egal, was du erlebst, egal, wie viele Menschen dich verletzen: Für Menschen, die dich lieben, wirst du nie weniger wert sein! Und für Gott, der dich über alles liebt, wirst du erst recht nie weniger wert sein!"

Gott
Ganz genau, meine geliebten Kinder!
Ich schuf nämlich jeden von euch als mein Ebenbild, nachzulesen in 1. Mose 1,27.

Einstein
Ebenbild – das ist wie dein eigenes Spiegelbild, Gott. Jeder ist quasi eine Art Doppelgänger von dir. Krass!

Preacherman
Wenn du in den Spiegel schaust, siehst du dort Gott, der dich mit Liebe anschaut.

Lisa
Wow!

 Hier endet der Chat

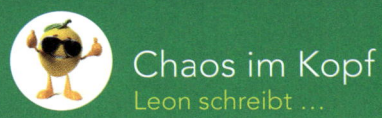

Chaos im Kopf
Leon schreibt …

Leon
Aaah! Wie soll ich das nur alles schaffen!? Zwei Klassen-
arbeiten diese Woche und ein Vokabeltest. Morgen noch ein
wichtiges Training, bei dem es darum geht, ob ich Samstag
in der ersten Mannschaft spielen darf. Und dann noch
Jugendtreff. Puh, wo soll ich nur anfangen?
Hab echt Schiss, dass ich das alles nicht schaffe … 😞

Marie
Das klingt nach echt viel. Ich denke an dich!

Preacherman
Ja, es gibt Zeiten, da sieht man nur einen Berg voller
Aufgaben und Herausforderungen vor sich. Da kann einem
der Hintern schon ganz schön auf Grundeis gehen!

Leon
Aber echt. Hast du einen Rat?

Preacherman
Klar. Als erstes brauchst du einen Plan. Nur so bekommst
du auch einen klaren Kopf. Stell dir einen Taxifahrer vor, der
dich fragt, wo du hin willst. Du sagst: „Ähm, keine Ahnung.
Vielleicht zuerst nach B, dann nach C und weiter nach A?
Oder erst nach A, dann nach Y und anschließend nach Z?"
Er wird dich logischerweise völlig verwirrt anschauen.

Leon
Ja, genau so ein Chaos ist
gerade in meinem Kopf …

Preacherman
Mein Tipp: Versuch dir alles aufzuschreiben, was in dieser Woche ansteht. Dann notiere dir, wann genau du was erledigen möchtest! Und wenn es zu viel wird, überleg dir, was du am ehesten streichen oder verschieben kannst. ✓✓

Leon
Hm, ja, das klingt gut! ✓✓

Preacherman
So bekommst du einen klaren Weg in deinen Aufgaben-dschungel. Vielleicht sieht alles dann gar nicht mehr ganz so schlimm aus wie zuvor. Nun kannst du dem „Taxifahrer" in dir exakt sagen, welche Punkte auf deiner Route du nach und nach anfahren willst, um gut durch die Woche zu kommen. ✓✓

Leon
Ja, voll gut. Ich werde mir gleich 'ne Liste schreiben! ✓✓

Preacherman
Ich hab noch einen Tipp für dich ... 😄 ✓✓

Preacherman
Wende dich mit deinen Sorgen an Gott. Bitte ihn, dir Kraft für die Aufgaben zu geben. Und den Durchblick, was du wann tun sollst. Er wird dir helfen, gute Entscheidungen zu treffen. ✓✓

Gott
Richtig! Mein geliebtes Kind: Ich bin der Herr, dein Gott. Ich nehme dich an deiner rechten Hand und sage: Hab keine Angst! Ich helfe dir! (Jesaja 41,13). ✓✓

⚙ Hier endet der Chat ⚙

Alles nur Zufall?
Ben schreibt ...

Ben
Tach, Leute! Hab heute mal ne Frage in die Runde. Was meint ihr: Ist der Mensch nur ein Zufallsprodukt? Und die Erde, das Universum – alles nur durch einen Knall entstanden?

Marie
Puh, schwer zu sagen. Ich kann mir das nicht vorstellen, dass alles einfach so aus dem Nichts entstanden ist.

Preacherman
Superspannende Frage, Ben! Eine Antwort darauf werden wir leider nicht in diesem Leben bekommen.

Einstein
Ich will euch ja nicht langweilen. Aber hier mal ein Screenshot von meiner Website. Hab da ein paar spannende Dinge gesammelt:

Einstein
Das Universum:
- Um die Erde einmal mit einem Flugzeug zu umrunden, brauchst du ungefähr 1,7 Tage.
- Für die Sonne bräuchtest du bei gleicher Geschwindigkeit circa 188 Tage.
- Für die Umrundung des UY Scuti, dem wohl größten uns bekannten Stern im Universum, bräuchtest du weit über 1.000 Jahre. Und der ist gerade mal so groß wie ein winziges Staubkörnchen in der Galaxie.

Einstein

Der Mensch:

- Durchschnittlich schlägt das Herz eines Menschen etwa 3 Milliarden Mal.
- In jeder Sekunde sterben ca. zwei Millionen Blutkörperchen. Genauso viele werden jede Sekunde neu gebildet.
- Du hast 60 Muskeln im Gesicht. Lächeln ist einfacher als Stirnrunzeln. Zum Lächeln brauchst du 20 Muskeln, zum Stirnrunzeln mehr als 40.
- Täglich fließen 11,5 Liter verdaute Nahrung, Flüssigkeiten und Verdauungssäfte durch den Verdauungstrakt – aber mit dem Kot werden nur 100 ml Flüssigkeit ausgeschieden.
- Die Oberfläche der Lunge entspricht etwa der eines Tennisplatzes.

Ben

Unglaublich! Wie bitte soll sich das alles allein durch Zufall so entwickelt haben? Krieg ich nicht in mein Hirn rein.

Lisa

Geht mir auch so. Das geht doch nicht ohne etwas unbegreiflich Großes, einen kreativen Supermega-Erfinder, einen Schöpfer, der sich das alles ausgedacht und liebevoll geplant hat!

Gott

Ganz genau!

Hier endet der Chat

Unerschütterlich
Leon schreibt …

Leon
Wir haben heute im Geschichtsunterricht von einer der schlimmsten Naturkatastrophen der Geschichte gehört. Heftig, sag ich euch! Am 1. November 1755 zerstörte ein Erdbeben die portugiesische Hauptstadt Lissabon fast komplett. Eine ganze Stadt auf einmal, alles kaputt …

Einstein
Ja, das war verheerend. Es kam dann zu einem Großbrand und zu einem Tsunami. Bis zu 100.000 Menschen kamen bei der Katastrophe um …

Einstein
Die Erde besteht aus verschiedenen Platten. Diese sind ständig in Bewegung, reiben aneinander, verhaken sich. Wenn sich diese Spannungen durch ruckartige Bewegungen entladen, kommt es zu einem Erdbeben. Und starke Beben haben eine grausame Zerstörungsmacht.

Lisa
Hab grad eine Bibelstelle gefunden, da steht: „Berge mögen einstürzen und Hügel wanken, aber meine Liebe zu dir wird nie erschüttert …" (Jesaja 54,10).

Leon
Erbeben sind echt grausam.
Warum nimmt Gott gerade so was
als Beispiel für seine Liebe?

Lisa
Genau das habe ich mich auch
gerade gefragt.

Preacherman
Weil selbst die schlimmste Katastrophe
Gott nicht davon abbringt, dich über alles
zu lieben. Selbst wenn alles in deinem
Leben bebt und zusammenfällt – Gottes
Liebe zu dir hält dem stand.

Lisa
Das ist stark!

Gott
Ja, das ist mein absolutes Liebesversprechen
an dich, mein Kind!

Hier endet der Chat

Perfekt unperfekt
Marie schreibt …

Marie
Hey, Leute, ich weiß grad nicht, was ich tun soll. Ich will es allen Leuten recht machen. Dabei will ich keine Fehler machen und keine Schwäche zeigen ... und mach mir deshalb voll Stress.

Lisa
Ach Marie, das kenne ich auch gut. Ist es nicht eine gute Eigenschaft, wenn man etwas gut, pünktlich, ordentlich erledigen will?

Preacherman
Auf jeden Fall ist das gut. Aber das sollte nicht in starkem Druck enden. Denn so, wie Marie das beschreibt, leidet sie darunter. @Marie: Mein Rat ist: Versuch mal, etwas bei deiner Einstellung, deinen Gedanken zu ändern. Stress ist vor allem eine „Kopfsache".

Marie
Okay, was genau kann ich denn tun?

Preacherman
Du musst dir immer wieder klarmachen, dass du NICHT perfekt sein musst. Du darfst auch Schwäche zeigen! Weil niemand perfekt ist; weil niemand erwartet, dass du immer und überall die Beste bist.

Marie
Ich hab halt Angst, dass andere mich weniger lieben, wenn ich Schwächen zeige.

Preacherman

Das ist total normal. Jeder will geliebt werden. Aber eigentlich sollte es so sein, dass andere dich lieben, egal, wie viel du leistest, und egal, wie oft du mal einen Fehler machst. Sollten dir Leute sagen oder zeigen, dass sie dich nur lieben, wenn du zu 100 Prozent perfekt bist, dann ist das keine echte Liebe. ✓✓

Ben

Echte Liebe zeigt sich doch gerade darin, dass man jemanden liebt, egal, wie perfekt oder unperfekt er ist! ✓✓

Preacherman

Super gesagt, Ben! Ja, echte Liebe liebt bedingungslos. Womit wir bei Gott wären. Er liebt dich zu 100 Prozent! Tutti kompletti! 😊 Ganz egal, was du machst, was du verbockt hast oder wie viel du leistest. Sei dir sicher, dass du zu Gott kommen darfst, ganz ohne einen Leistungsnachweis. 👍 ✓✓

Einstein

Oft sind es auch gerade die unperfekten Seiten, die einen Menschen so liebenswert machen. 😊 Viele sagen zum Beispiel, dass sie an mir gerade meine Tollpatschigkeit lieben. 😄😄 ✓✓

Preacherman

Also, Marie, überleg mal, woran du dich misst. Versuch dich zu entspannen und mal bewusst über eine Schwäche oder eine „Unperfektheit" von dir zu schmunzeln. Liebe dich so, wie du bist! Denn du bist liebenswert – und von Gott unendlich geliebt! ❤️ ✓✓

 Hier endet der Chat

Schönheitsexperiment
Einstein schreibt …

Einstein
Hallo, meine Lieben! Ich habe von einem krassen Experiment gehört. Wollt ihr es erfahren!?

Ben
Gerne – so lange es nicht um Physik oder so geht … da verstehe ich leider nix von. 😂

Einstein
Also: In Washington machte einst der Geigen-Megastar Joshua Bell ein Experiment.
Er verkleidete sich als Straßenmusiker und setzte sich vor eine U-Bahn-Station. Dann spielte er richtig schwere Stücke von Bach und anderen Künstlern. Was meint ihr, was passierte?

Leon
Ich denke, bestimmt hat ihn jemand erkannt und wollte ein Autogramm von ihm.

Ben
Hm. Oder keiner erkannte ihn?

Einstein
100 Punkte für Ben! Keiner erkannte ihn! Die Leute rannten einfach an ihm vorbei. Manche schmissen ihm im Vorbeilaufen ein paar Münzen in den Geigenkasten. Nur ein paar Kinder blieben stehen, aber die Eltern zogen sie hastig weiter. Was meint ihr, wie viele Dollar er nach 43 Minuten „Konzert" bekommen hatte?

Lisa
Dann bestimmt nicht viel. Vielleicht 30 Dollar?

Marie
Oder nur 10 Dollar?

Einstein
32,17 Dollar waren es am Ende immerhin. Aber am Tag zuvor zahlten die Leute für das Konzert von ihm durchschnittlich 100 Dollar pro Karte! Joshua hatte mehrere Zehntausend Dollar an diesem Abend bekommen.

Leon
Echt ein besonderes Experiment ...

Einstein
Und was lernen wir daraus, Leute?

Marie
Dass wir Schönes im Alltagstrubel leider oft übersehen.

Lisa
Wir sollten die Augen und Ohren offenhalten, damit wir die tollen Dinge um uns herum bewusster wahrnehmen können ... Und wir sollten sie dann auch genießen. 😄 ✓✓

Ben
Ich frage mich, wie viele schöne Momente wir verpassen, weil wir immer beschäftigt sind und von einem Ereignis zum nächsten rennen. ✓✓

Preacherman
Das Leben ist anstrengend genug. Darum empfehle ich allen Menschen, das Leben zu genießen. Denn es gibt doch nix Besseres auf der Welt, als das Leben und all das Schöne zu genießen. Love your life! 😄
(frei nach Prediger 8,15) ✓✓

 Hier endet der Chat

Dankbar und glücklich
Marie schreibt …

Marie
Huhu zusammen! 😄 Wir haben heute in Latein die Hausaufgabe bekommen, über ein Zitat von Marcus Tullius Cicero nachzudenken: „Dankbarkeit ist nicht nur die größte aller Tugenden, sondern auch die Mutter von allen." Was sind eure Gedanken dazu? ✓✓

Ben
Ich denke, er meint: Dankbarkeit ist die wichtigste Stärke, die man als Mensch haben sollte. Alle anderen Stärken bauen auf der Dankbarkeit auf. ✓✓

Leon
@Ben, besser hätte ich es nicht sagen können. 😄 ✓✓

Einstein
Das stimmt! Übrigens hat der Wissenschaftler Michael McCullough an der *University of Miami* darüber geforscht, was glücklich macht. Er fand heraus, dass dankbare Menschen viele Vorteile haben: Sie sind glücklicher, zufriedener, weniger neidisch auf andere und gehen hilfsbereiter und großzügiger durchs Leben. ✓✓

Lisa
Das finde ich faszinierend. Ich muss ja zugeben, ich meckere leider oft viel herum … 😞 😊 ✓✓

Preacherman
Ich glaube, Menschen neigen generell dazu, Dinge eher negativ zu sehen. Aber gerade weil Dankbarkeit glücklich und zufriedener macht, sollten wir Dankbarkeit trainieren. Wie ein Sportler.

Leon
Gute Idee. Und wie macht man das?

Preacherman
Da gibt es viele tolle Möglichkeiten. Wie wär's mit einem Dankbarkeits-Tagebuch, in das man jeden Tag drei Dinge reinschreibt, für die man dankbar ist? Da kann man gerade in schweren Zeiten viel Kraft daraus schöpfen.

Lisa
Ich hab bei einer bekannten Familie mal gesehen: Die haben eine ganze Wand im Zimmer als „Dankbarkeitswand" gestaltet. Jeder in der Familie, der für etwas dankbar ist, klebt eine Nachricht oder ein Foto an diese Wand. Das find' ich eine coole Idee.

Preacherman
Oh ja! Und da fällt mir grad ein, was Paulus mal gesagt hat: „Lasst euch durch nichts vom Gebet abbringen und vergesst dabei nicht, Gott zu danken" (2. Kolosser 4,2).

Preacherman
Wenn wir beten, sagen wir Gott manchmal nur, was wir brauchen, was wir uns wünschen und was grad blöd ist. Auch hier können wir trainieren: nämlich Gott für die tollen Dinge ganz bewusst ein fettes Danke zu sagen und uns darüber zu freuen. Das stärkt auch die Beziehung zu Gott!

Einstein
Und macht glücklich! 😄 Übrigens hier noch ein schönes Zitat von Sir Francis Bacon: „Nicht die Glücklichen sind dankbar. Es sind die Dankbaren, die glücklich sind." ✓✓

Lisa
Sehr ermutigende Ideen. Ich glaub, davon kann ich viel mitnehmen! ✓✓

Marie
Danke! 😄 Ich hab nun soo viele schöne Gedanken für meine Hausaufgaben. Ihr seid toll!! Ich bin euch echt dankbar dafür, Leute!! 😄 ❤️ ✓✓

⚙️ Hier endet der Chat ⚙️

Gibt es Gott wirklich?
Ben schreibt …

Ben
Ich denke gerade darüber nach, ob es Gott wirklich gibt. Also, ich meine: Kann man es beweisen und sich zu hundert Prozent sicher sein, dass es Gott gibt?

Lisa
Ich glaube daran, dass es Gott gibt. Aber beweisen kann ich das natürlich nicht. Keine Ahnung.

Marie
Viele Leute behaupten, dass sie ganz sicher sind, dass es Gott nicht gibt. Andere sagen, dass sie sicher sind, dass es Gott doch gibt. Wer hat denn nun recht?

Preacherman
Fast jeder Mensch fragt sich irgendwann, ob es Gott wirklich gibt. Und jeder hätte gerne einen eindeutigen Beweis für oder gegen seine Existenz. Aber noch niemand konnte das eine oder das andere beweisen.

Einstein
Ja, auch die schlausten Wissenschaftler konnten das bisher nicht: Sie können weder sagen, dass es Gott gibt, noch, dass es ihn nicht gibt.

Ben
Hm. Echt schade. Und nun?

Preacherman

Entscheidend ist das, was Lisa sagt. Es geht um Glauben. Beweisen ist nun mal nicht möglich. Also kann man nur daran glauben, dass es ihn gibt – oder nicht.

Einstein

Und Glauben bedeutet Vertrauen.
Vertraue ich darauf, dass es Gott gibt?

Einstein

Ein kleines Beispiel: Wie erkennst du, welche Musik dein Smartphone gerade spielt? Du musst hören. Wie erkennst du, welcher Baum vor dir steht? Du musst schauen. Und um zu erkennen, ob es Gott gibt, kannst du nur eines machen: glauben.

Preacherman

Ich würde behaupten: Gott kann dir persönlich zeigen, dass es ihn gibt. Du könntest ihn beispielsweise darum bitten, dass er sich irgendwie in deinem Leben bemerkbar macht. Denn Gott zeigt sich gerne.

Einstein

Vielleicht erhört er ein Gebet von dir. Oder du erlebst ein kleines Wunder. Aber natürlich kann man dann auch behaupten: „Das war doch Zufall, das wäre auch ohne Gebet passiert!" Und hier ist der entscheidende Punkt: Glaubst du, dass Gott dir geholfen hat, dein Gebet erhört hat, dass er sich dir gezeigt hat? Oder nicht?

Preacherman
Gott möchte eine Freundschaft mit uns, eine richtig coole Beziehung. Allein darum geht es ihm. Das ist das, woran ich glaube. Und wenn du ihn bittest, dass er sich dir zeigt, macht er das vielleicht wirklich. Probier es einfach mal aus! Das kostet nix und du kannst nix dabei verlieren. 😊 ✓✓

Gott
Meine geliebten Kinder: Wenn ihr mich sucht, werdet ihr mich finden. Ja, wenn ihr von ganzem Herzen nach mir fragt, will ich mich von euch finden lassen. Das verspreche ich, der Herr. (nach Jeremia 29,13–14 und 5. Mose 4,29) ✓✓

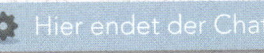
Hier endet der Chat

Sport, Essen und Gott
Lisa schreibt …

Lisa
Ich hab diese Woche beschlossen: Ich möchte gerne ein wenig abnehmen und deshalb ab jetzt viel Sport machen und mich gesund ernähren.

Ben
Ich find's klasse, dass du dich um deinen Körper und gesunde Ernährung kümmern möchtest. Ist doch 'ne gute Sache!

Preacherman
Gott hat dich und deinen Körper wundervoll erschaffen, Lisa! In der Bibel gibt er uns sogar den Auftrag, dass wir uns um unseren Körper kümmern, ihn pflegen und achten sollen. Wie du richtig erkannt hast, spielen dabei Ernährung und Sport eine wichtige Rolle.

Leon
Aber bei manchen Leuten dreht sich alles nur noch um Sport oder das Essen, so wie bei einem Mädel aus meiner Klasse. Sie knabbert in den Pausen nur an Möhren herum. Und ich finde, sie sieht seit einiger Zeit richtig mager aus.

Preacherman
Ein wichtiges Thema! Wenn sich alles im Leben nur noch um das Gewicht und das Aussehen dreht, ist das nicht gesund. Wenn man ein paarmal die Woche Sport macht, leidet die Beziehung zu Gott sicher nicht darunter. Auch wenn man sich gesund ernährt, freut sich Gott drüber. ✓✓

Preacherman
Aber Bewegung und Ernährung sollten keinen zu hohen Stellenwert bekommen. Dazu gehört auch, dass wir unser Aussehen und unseren Wert nicht von unserem Gewicht abhängig machen. ✓✓

Leon
Ich verbinde übrigens gerne Sport und Gott. Während ich jogge, bete ich oder denke über Gott und das Leben nach. ✓✓

Ben
Coole Idee! 👍 ✓✓

Preacherman
Noch ein Gedanke: Es wird uns oft gesagt, wie wichtig es ist, dass Gott an der ersten Stelle in unserem Leben steht. Das ist auch richtig. Aber Gott möchte natürlich nicht, dass jemand ständig Angst davor hat, dass etwas anderes – wie zum Beispiel Sport – wichtiger werden könnte als er, und deshalb ängstlich seine Gedanken und sein Verhalten beobachtet. ✓✓

Ben

Gott sitzt garantiert nicht mit einer Strichliste im Himmel und kontrolliert, woran wir gerade am meisten denken ...

Preacherman

Ganz bestimmt nicht! Ja, Gott möchte in unserem Alltag dabei sein. Er wünscht sich, dass wir mit ihm sprechen, an ihn denken und vor allem in einer Beziehung mit ihm leben. Ganz ohne Krampf. Und er freut sich drüber, wenn wir uns und unserem Körper Gutes tun – wenn wir es damit nicht übertreiben.

Lisa

Danke, das hilft schon sehr. @Leon: Dann versuche ich jetzt mal, Glaube und Sport miteinander zu kombinieren. 😂

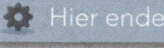 Hier endet der Chat

 **Von Gott im Stich gelassen?**
Ben schreibt …

Ben
Ich hatte heute Nacht einen total beeindruckenden Traum.

Einstein
Erzähl! Ich bin ganz gespannt! Träume sind so toll! 😄

Ben
Ich war im Traum irgendwo in der Karibik. So richtig mit Meer, Palmen und Sandstrand. Und plötzlich ging ich da an einem Abend bei Sonnenuntergang am Strand mit Gott spazieren. Krass, oder!? Mit Gott!

Marie
Wow, spannend!

Ben
Also, wir liefen da lang und sprachen über mich und mein Leben. Irgendwann drehte ich mich um und sah unsere Fußspuren hinter uns im Sand. Meine – und daneben Gottes Spuren. Gott sagte zu mir: „Hier, deine Spur, das ist dein bisheriges Leben …"

Lisa
Mega!! Erzähl weiter! 😄

Ben
Ich schaute mir die Spuren lange an. Und hab mich dann voll erschrocken. Denn gerade da, wo ich die krassesten Krisen im Leben hatte und es mir richtig mies ging, war Gottes Spur im Sand neben mir nicht zu sehen ... Und als ich das erschrocken feststellte, wachte ich auf. Und jetzt bin ich sehr verwirrt. Und traurig. 😣 ✓✓

Gott
Ben, mein geliebtes Kind! Gerne will ich dir deinen Traum erklären. Denn niemals habe ich dich alleingelassen. Nicht, als du damals schwer erkrankt warst. Nicht in der Zeit, als sie sich über dich lustig machten. Und auch nicht, als sich deine Eltern trennten. In jeder Schwierigkeit war ich an deiner Seite! ✓✓

Gott
Mein Kind! Ich liebe dich so sehr. Du bist mir so unendlich wichtig! Wie könnte ich dich in den schwersten Zeiten jemals alleinlassen?! Dort, wo du nur eine Spur im Sand gesehen hast – da habe ich dich getragen!* ✓✓

Preacherman
5. Mose 1,31: „Und ihr habt erlebt, wie der Herr, euer Gott, euch auf dem Weg durch die Wüste geholfen hat. Bis hierher hat er euch getragen wie ein Vater sein Kind." ✓✓

Ben
Oh, Mann. Weiß nicht, was ich sagen soll.
Danke, du bist genial, Gott! 😄 ✓✓

frei interpretiert nach „Spuren im Sand"
von Margaret Fishback Powers ✓✓

Hier endet der Chat

 **Neue Ozeane entdecken**
Einstein schreibt …

Einstein
Ihr Lieben, ergänzt mal bitte den Satz:
Wenn ich könnte, würde ich gerne …

Lisa
Sängerin werden und viele Menschen mit
meiner Stimme verzaubern. Aber ich glaube,
ich bin nicht gut genug dafür.

Ben
Hm, das hübsche Mädchen aus meiner Klasse
ansprechen. Aber ich trau mich nicht.

Marie
für ein Jahr nach Afrika gehen. Aber, hm, ist so
eine Idee, die bestimmt nicht realistisch ist.

Leon
Arzt werden und vielen Menschen
helfen. Aber das Medizinstudium
würde ich bestimmt nicht schaffen!

Einstein
Ihr habt alle tolle Wünsche und Träume. Und dann kommt
das große ABER. Leute, es gibt immer Bedenken. Doch wer
sich nicht traut und kein klares Ziel vor Augen hat, wird es nie
erreichen. Wer nicht anfängt, hat schon verloren.

Einstein

Hätte der Sportstar nicht jahrelang hart trainiert, wäre er nie so erfolgreich geworden. Wäre die Schauspielerin am Anfang nicht im Schultheater aufgetreten, wäre sie nie ans Stadttheater gekommen …

Preacherman

„Wer an der Küste bleibt, kann keine neuen Ozeane entdecken", hat der erste Weltumsegler, Fernando Magellan, einmal gesagt.

Einstein

Ja, nur Mut, Leute! Traut euch. Probiert es zumindest aus. Klar wird nicht jeder Wunsch in Erfüllung gehen. Aber einen Versuch ist es doch wert!

Preacherman

Und wie schade wäre es, wenn Ben vielleicht seine Traumfrau entgeht, weil er sie nie angesprochen hat. Oder Lisa nie vor anderen singt, und so gar nicht weiß, dass ihre Stimme andere bewegt. Also: Nur Mut!

Einstein

Traut euch und lasst euch nicht entmutigen! Wagt immer wieder, neue Schritte zu gehen, zu träumen!

⚙ Hier endet der Chat ⚙

Schwere Zeiten
Marie schreibt …

Marie
Leute, ich bin gerade echt am Ende. 😞 In den letzten Wochen habe ich das Gefühl, dass alles bergab geht. Meine Freundin will nichts mehr von mir wissen, und ich hab immer noch diese Schmerzen im Fuß und muss wieder zum Arzt. Meine Eltern streiten sich dauernd, und überhaupt ist es gerade alles schlimm in meiner Family. Ich frage mich, warum ich das alles durchmachen muss. Will Gott mich leiden sehen!? 😭 😞

Ben
Oh Marie! Du tust mir echt leid. 😞 Ich denke fest an dich. Wir können ja morgen mal drüber reden, okay?

Lisa
Ich bete für dich und deine Family!! ❤️

Leon
Fühl dich gedrückt! Du schaffst das, Marie!

Preacherman
Marie, das ist echt hart. Und ehrlich: Ich kann dir keine Antwort darauf geben, warum wir schwere Zeiten erleben müssen. Das ist eine der Fragen, auf die wir keine Antworten haben.

Preacherman
Streit, Leid, Tod, Krankheit, Neid, Ungerechtigkeit und Unglück – das ist auch ein Teil des Lebens auf der Erde. Aber ich bin überzeugt, dass Gott niemand ist, der seine Kinder gerne leiden sieht. Garantiert nicht! Ich bin mir sicher, dass er sogar mitleidet, mitweint, wenn's uns schlecht geht.

Gott
Meine geliebten Kinder: Ich will euer Glück und nicht euer Unglück. Ich habe im Sinn, euch eine Zukunft zu schenken, wie ihr sie erhofft. Das sage ich, der Herr (Jeremia 29,11). ✓✓

Marie
@Gott: Danke schön! ✓✓

Preacherman
Wow, was für ein Versprechen von Gott für dich! Und dann hast du noch all die tollen Leute hier. Die oben ja schon geschrieben haben, dass sie an dich denken und für dich da sind! ✓✓

Marie
Ja, voll toll und wertvoll! Danke euch allen! ✓✓

Preacherman
Deine Probleme werden nicht einfach weg sein. Aber du hast gesehen: Es gibt Menschen, die für dich da sind, mitleiden und dir helfen wollen. Das macht es hoffentlich zumindest etwas erträglicher für dich. Und es gibt einen Gott, der für dich stets das Gute im Sinn hat! Auch wenn es nicht immer erkennbar ist ...

Marie
Danke. Hab jetzt immerhin neuen Mut geschöpft!

Hier endet der Chat

 **Gibt es heute noch Wunder?**
Leon schreibt …

Leon
Hi ihr! Glaubt ihr an Wunder, so wie sie in der Bibel vorkommen? Ich meine, ich hab noch keins erlebt und weiß nicht, ob es so was heute noch gibt. Und ihr – schon mal ein Wunder erlebt?

Marie
Hm, nee, ich nicht. Also kein so krasses Wunder – wie dass mein Wasser zu Wein wurde oder so. 😋

Ben
Ich bin mir nicht sicher. Als ich sehr krank war und mich dann viele besucht haben, mich aufgemuntert und für mich gebetet haben – und es mir dann wieder besser ging – das war für mich schon wie ein Wunder.

Einstein
Die Frage ist doch: Was genau ist ein Wunder?

Lisa
Eigentlich muss doch ein Wunder nicht immer so megaspektakulär sein, oder!?

Einstein
Guter Gedanke! Die Autorin mit dem coolen Namen Marie Freifrau von Ebner-Eschenbach hat mal gesagt: „Es gibt kein Wunder für den, der sich nicht wundern kann." Da ist was dran, find ich! 😄

Marie
Cooler Spruch!

Preacherman
Absolut! 😄 Gott steht für uns hinter allem: dem Gewöhnlichen und dem Außergewöhnlichen. Wunder ist, was jeder dafür hält. Wunder ist, was täglich aus Gottes Hand kommt. Wunder ist, was uns staunen lässt ...

Leon
Hmm, ja. Wenn man das so sieht, habe ich doch schon viele Wunder erlebt. Ich habe heute Morgen über den schönen Sonnenaufgang gestaunt. Und eben, dass ich in Mathe eine 2 hab! 😄

Marie
Und ich hab im letzten Urlaub in Norwegen so oft die Natur dort bewundert. Das war sooo WUNDERschön! 😄

Marie
Hier, hört euch mal den Song von *Samuel Harfst an*, „Das Privileg zu sein".

Lisa
Echt ein schöner Song! ✓✓

Einstein
Ja, jeder Sternenhimmel, jede Geburt, jedes erhörte Gebet, jedes liebe Wort, das uns aufmuntert, ist ein Wunder. Jede Frucht, die einfach so an einem Baum wächst. Jede Umarmung. Jedes Lebewesen. Wunder ist, worüber du staunen kannst! 😄 ✓✓

Preacherman
@alle: Und was ist dein Wunder heute? ✓✓

 Hier endet der Chat

Der Traum
Einstein schreibt …

Einstein
Hey, stellt euch vor: Ein kleiner Junge soll in der Schule einen Aufsatz schreiben, was er einmal werden möchte, wenn er groß ist. Weil er Natur und Tiere liebt, schreibt der Junge voller Leidenschaft, dass er später mal einen großen Bauernhof haben möchte mit vielen Tieren, weiten Feldern und großen Maschinen. Vielleicht sogar einen kleinen Zoo dabei. Was denkt ihr: Wie wird sein Lehrer darauf reagieren?

Marie
Ich könnte mir vorstellen, dass er eher skeptisch ist.

Leon
Ja, so nach dem Motto: Wer ist heute denn noch Bauer?

Einstein
Ihr kleinen schlauen Einsteins! 😋
Genauso reagierte der Lehrer.

Einstein
Er gab dem Jungen eine schlechte Note und meinte, dass wäre ja der absurdeste Traum, den er je gehört hätte, und fügte hinzu: „Ich gebe dir eine Chance. Wenn du den Aufsatz noch einmal und mit einem realistischen Berufswunsch schreibst, dann wirst du eine bessere Note bekommen."

Einstein
Enttäuscht ging der Junge nach Hause und fragte seinen Vater: „Was soll ich machen?" Der sagte ihm nur: „Mein Sohn: Geh du deinen Weg, den du gehen möchtest! Denn das ist der richtige Weg!" ✓✓

Ben
Cooler Vater. Ich wünschte, meiner würde das auch mal sagen und an mich glauben ... ✓✓

Einstein
Dann erzähle deinem Vater mal das Ende der Geschichte! ✓✓

Einstein
Zwanzig Jahre später. Der gleiche Lehrer macht mit seiner Klasse einen Ausflug. Sie besuchen einen großen Bio-Bauernhof, der bekannt für seine faire Tierhaltung ist, einen kleinen Streichelzoo dabei hat und als Vorzeigebetrieb mehrfach ausgezeichnet wurde. Als der Besitzer auf die Klasse zukommt, verschlägt es dem Lehrer die Sprache. ✓✓

Marie
Er erkennt den kleinen Jungen von damals wieder, oder? ✓✓

Einstein
Ganz genau! Der Junge von damals geht stolz auf die Klasse zu und erzählt, wie er sein Landwirtschafts-Studium als einer der Besten abgeschlossen und mit seiner Familie den Bio-Hof mitsamt kleinem Zoo aufgebaut hat. Dann führt er sie durch das Gelände, zeigt ihnen die Tiere und die Maschinen. ✓✓

Lisa
Da hat der Lehrer wohl nicht mit gerechnet ... ✓✓

Einstein
Als der Lehrer sich verabschiedet, sagt er beschämt: „Ich habe heute sehr viel gelernt". Er klopft dem erfolgreichen Landwirt auf die Schulter: „Wie gut, dass Sie damals für eine bessere Note nicht Ihren Traum aufgegeben haben und Ihren Weg gegangen sind! Respekt!" ✓✓

Lisa
Wow! Bin sprachlos. Das macht mir Mut, meinen Traumberuf als Sängerin weiterzuverfolgen! ✓✓

Ben
Ja, mir auch – für meinen Wunsch, einmal vielen Menschen zu helfen. Danke, Einstein! 👍 ✓✓

Einstein
Gerne. ✓✓

Preacherman
Und ich möchte euch einen schönen irischen Segen für euren Lebensweg schenken:
Möge Gott auf dem Weg, den du vor dir hast, vor dir hergehen. Das ist mein Wunsch für deine Lebensreise. Mögest du die hellen Fußstapfen des Glücks finden und ihnen auf dem ganzen Weg folgen. Amen. ✓✓

⚙ Hier endet der Chat ⚙

5 Sätze, die wir jeden Tag sagen sollten
Einstein schreibt …

Einstein
Ich habe bei meiner letzten Forschungsreihe eine Umfrage durchgeführt. Und alle Altersklassen gefragt: Was sind die wichtigsten Sätze, die ihr hören wollt? Was wollen Kinder und Jugendliche von ihren Eltern hören? Was sind die Sätze, die Partner in einer Beziehung am wichtigsten finden? Tippt mal auf das Ergebnis! 😄

Ben
Bestimmt: „Ich liebe dich!"

Lisa
Ja, denke ich auch! 😄 ❤️ ❤️ ❤️

Einstein
@Ben: Suuuper! Das war die Nummer eins. 👍

Marie
„Du bist schön!"

Preacherman
„Ich bin glücklich, dass es dich gibt!"

Lisa
„Ich vergebe dir!"

Leon
„Ich bin stolz auf dich!"

Einstein
Mensch, seid ihr gut! 👍 😄 Genau diese 5 Sätze waren die Top-5-Sätze, die am meisten genannt wurden. ✓✓

Einstein
Und ich habe weitergefragt: Wie viele finden, dass sie diese Sätze von ihren Freunden, Eltern oder Partnern im Alltag oft genug hören? Was meint ihr, wie viel Prozent mit Ja geantwortet haben? ✓✓

Lisa
Hm. Wahrscheinlich nicht ganz so viele ... Vielleicht 30 Prozent? ✓✓

Einstein
Noch viel weniger. Gerade einmal 4 Prozent der Leute! Nur 4 von 100 Leuten sagten, dass sie im Alltag oft genug diese wertvollen Worte gesagt bekommen! ✓✓

Ben
Echt traurig. 😣 Das müssen wir ändern! ✓✓

Preacherman
Absolut. Und wisst ihr, was mir aufgefallen ist? Genau das sind auch die Sätze, die Gott in der Bibel immer wieder zu seinen Kindern sagt:
→ Ich liebe dich!
→ Du bist schön!
→ Ich bin glücklich, dass es dich gibt!
→ Ich vergebe dir!
→ Ich bin stolz auf dich! ✓✓

Ben
Stark!!

Lisa
Ich finde, wir sollten diese Sätze unseren Freunden, Eltern, Geschwistern, Partnern und lieben Menschen öfter sagen.

Leon
Ja, unbedingt! Bin dabei!

Einstein
Dann machen wir eine Aktion: Jeder überlegt sich in der nächsten Woche jeden Tag mindestens zwei Personen, denen er einen der Sätze sagt oder schreibt.

Ben
Gute Idee!

Preacherman
Top! Ich bin sicher, dass das einige Beziehungen enorm bereichern oder sogar komplett verändern wird!

Einstein
Ich bin gespannt, was ihr dabei erlebt!

⚙ Hier endet der Chat ⚙

Heilige und Superfromme
Preacherman schreibt …

Preacherman
Moin, Leute! Ich habe eben in der Bibel gelesen und mal wieder gestaunt, wie viele unperfekte Leute es da gibt: Lügner, Betrüger, Ehebrecher, Verräter, sogar Mörder. Echt Hammer. Oder einfach normal? Das Leben eben ...?

Leon
Ich finde das echt ein wenig beruhigend. Wenn in der Bibel nur Heilige und Superfromme rumhüpfen würden, dann könnten wir alle da niemals mithalten. Außer Ben vielleicht. 😄

Ben
Aber hallo!! Der heilige Ben würde nie jemandem ein Haar krümmen! 😄

Leon
Haha!

Preacherman
Kein anderes religiöses Buch spricht so ehrlich und offen über die Schwächen und Verbrechen der „Heiligen" wie die Bibel.

Marie
Hm, ja. Aber ich hab so das Gefühl, dass viele von mir erwarten, dass ich ein perfektes Leben führe. Und dass – gerade auch unter Christen – oft über andere geurteilt, hergezogen und mieses Zeug geredet wird. Ich frage mich: Warum ist das so?

Lisa
Vielleicht, weil sich derjenige besser fühlt, weil er so von seinen eigenen Fehlern ablenken kann?

Marie
Oder weil er denkt, er selbst wäre besser als die anderen. So nach dem Motto: „Schaut her, ich bin der bessere Christ!"

Preacherman
Ja, ich glaube, da ist ganz viel dran an euren Gedanken.

Einstein
Hier ein starkes Zitat von Jesus, lest mal, was er zu den Menschen damals sagte:
„Warum siehst du jeden kleinen Splitter im Auge deines Mitmenschen, aber den Balken in deinem eigenen Auge bemerkst du nicht? Wie kannst du zu ihm sagen: Komm her! Ich will dir den Splitter aus dem Auge ziehen!, und dabei hast du selbst einen Balken im Auge?" (Matthäus 7,3)

Einstein
Wir müssen uns immer wieder daran erinnern: Niemand ist perfekt. Es ist menschlich, Fehler zu machen. Gerade dafür hat Jesus am Kreuz so gelitten und ist gestorben. Damit der ganze Mist, den wir produzieren, vergeben ist.

Preacherman
Und genau darum ist die Bibel so ehrlich! Weil Gott Versager zu Siegern macht. Es braucht keine Superfrommen, keine Heros, keine Supermen und Superwomen.

Lisa
Oh, wie gut, das entspannt mich gerade total. ✓✓

Marie
Ich will mir echt vornehmen, mich beim Lästern rauszuhalten. Denn ich bin nicht besser. In Zukunft will ich versuchen, erst mal meine eigenen Hölzer im Auge zu finden ... oder wie war das noch mal? ✓✓

Gott
 ✓✓

⚙ Hier endet der Chat ⚙

Frei, so frei
Ben schreibt …

Ben
Wisst ihr, was mir gerade aufgefallen ist? Fast alle Bands haben ein Lied, das „Frei" oder „free" heißt.

Leon
Freiheit scheint ein großes Thema zu sein.

Einstein
Aber die spannende Frage ist: Was bedeutet frei sein?

Marie
In Freiheit leben. Und Religionsfreiheit.

Lisa
Für mich bedeutet es vor allem, dass ich frei denken darf. Eine eigene Meinung haben kann.

Leon
@Lisa: Finde ich einen coolen Gedanken. 👍 Gerade, wo so viele immer der Meinung sind, die gerade am hippsten ist.

Einstein
Viele schauen nur, wie sie bei den anderen ankommen … Bloß nicht anecken, keinen klaren Standpunkt haben, keine Auseinandersetzungen. Und sie merken gar nicht, dass dabei ihre innere Freiheit flöten geht.

Leon
Es ist aber gar nicht so einfach, für etwas zu sein, wenn andere dagegen sind. ✓✓

Ben
Ganz richtig! ✓✓

Preacherman
Mir hilft immer der Gedanke daran: Mit Gott an meiner Seite brauche ich mich nicht zu vergleichen. Bei ihm kann ich so sein, wie ich bin. Mögen andere doch denken, was sie wollen: Ich bin wie ich bin. Ich vertrete die Meinung, die mir wichtig ist. Und genau so liebt mich Gott. ✓✓

Gott
Ja, meine Kinder, denn mir geht es nur um euch und euer Herz! ❤️ ✓✓

Preacherman
Und mit dieser Freiheit können wir auch in der Schule, in den Social Media oder in unserer Familie unsere Meinung sagen. Wir können und dürfen auch unsere Meinung ändern, wenn wir sie als falsch erkannt haben. Hauptsache, wir sind ehrlich, offen und fair. ✓✓

 Hier endet der Chat

Er liebt, obwohl er angekotzt wird
Einstein schreibt …

Einstein
Meine Cousine hat gerade ihr Baby bekommen.
So süß, die Kleine!! ✓✓

Marie
Ohhh, Babys … 😁 Die sind immer sooo süß!! ❤️ ❤️ ❤️ ✓✓

Ben
@Marie: Du hast noch etwas Zeit … 😊 😁 ✓✓

Marie
Tzzz 😁 ✓✓

Einstein
Und ich bewundere die Eltern von Babys so sehr. Die können
nachts kaum schlafen. Tragen die Babys überall hin. Sitzen
stundenlang am Bett, bis sie eingeschlafen sind. ✓✓

Marie
Jaaa. Und das Baby von meiner großen Schwester pinkelt
die Eltern beim Wickeln immer an. Oder kotzt sogar über sie.
Uhiiii 😁 Aber es macht ihnen nix aus. Sie lieben ihren Kleinen
trotzdem über alles. ✓✓

Preacherman
Das erinnert mich an jemanden … 😊 ✓✓

Leon
??? ✔✔

Gott
An mich vielleicht!? ✔✔

Preacherman
@Gott: Richtig!! Du weißt wohl alles, was!? ✔✔

Gott
😄 ✔✔

Preacherman
Johannes schreibt das schon in der Bibel: „Seht doch, wie sehr uns der Vater geliebt hat! Seine Liebe ist so groß, dass er uns seine Kinder nennt – und wir sind es wirklich!" (1. Johannes 3,1) ✔✔

Ben
Aber nicht alle haben einen tollen Papa ... ✔✔

Preacherman
Ja, viele verbinden ihren Vater sogar mit Enttäuschungen. Er war nie da, ist abgehauen oder hat sie verletzt, vielleicht sogar missbraucht. Und doch sehnt sich jede und jeder aus tiefstem Herzen nach einem guten, liebenden Vater, der immer da ist. ✔✔

Ben
Ja, das wünsche ich mir auch so sehr!! ✔✔

Preacherman
Gott ist dieser Papa. Er ist besser, als jeder Vater dieser Erde es jemals sein könnte. Und das, obwohl er von vielen seiner Kinder sogar abgelehnt wird. Oder von ihnen „angekotzt" wird, auf verschiedene Art und Weise. Trotzdem ist seine Liebe unendlich groß. Zu Gott darfst du immer kommen und er nimmt dich in den Arm.

Gott
Mein geliebtes Kind, ich will dir nahe sein. Es geht mir nur um eines: in Beziehung mit dir zu sein, den Alltag mit dir zusammen zu erleben. Ich möchte dein Freund und Begleiter sein. Egal, was in der Vergangenheit war oder was gerade ist. Lass dich heute ganz neu auf mich ein. Hier meine Botschaft an dich:

Lisa
Cooles Video, Hammer! Danke, Gott!

Ben
Hab Pipi in den Augen ... wow!

Preacherman
Bei mir hat sich die Beziehung zu Gott übrigens verändert, als ich entschieden habe, dass Gott tatsächlich mein himmlischer Papa sein soll, und ich angefangen habe, ihn im Gebet direkt mit Papa anzusprechen. Das hat unsere Beziehung sehr gestärkt. Vielleicht wollt ihr das ja auch mal ausprobieren!?

 Hier endet der Chat

Die Sache mit der Sünde
Marie schreibt …

Marie
Hi ihr! 😎 Ich hab heut mal eine spezielle Frage:
Was versteht ihr unter Sünde?

Leon
Hm, schwerer Begriff. Sünde ist,
wenn jemand etwas Böses tut?

Lisa
Also, mir macht das Wort irgendwie Angst …

Preacherman
Die Sache mit der Sünde ist gar nicht so einfach. An sich
bedeutet Sünde ja, etwas zu tun, das Gott nicht gefällt.
Und jeder Mensch tut ja solche Dinge.

Einstein
@Lisa: Was macht dir denn so Angst an diesem Wort?

Lisa
Also, ich hab mal gehört: Wenn ich sündige, dann
passiert eine Trennung zwischen mir und Gott.

Preacherman
„Trennung" ist in diesem Zusammenhang ein sehr ungünstiges
Wort. Denn selbst wenn ich sündige, heißt das nicht, dass Gott
sich dann von mir trennt. Aber natürlich macht Sünde etwas
mit meiner Beziehung zu Gott – und meiner Beziehung zu
meinem Nächsten.

Lisa
Ja, ich hab ein schlechtes Gewissen, wenn ich was falsch gemacht habe. ✓✓

Preacherman
Ganz genau – das Gewissen meldet sich. Und das ist ja gut so. Wenn du deine Freundin anlügst, dann spürst du, dass da was zwischen euch steht. So ist das auch bei Gott. ✓✓

Preacherman
Aber Gott ist dir, wenn du Mist gebaut hast, genau so nahe wie zuvor. Er liebt dich, auch wenn du was Falsches tust. Keine Sünde der Welt kann das ändern. Und ein „Entschuldigung, Gott, das tut mir leid" nimmt dir dann das Gefühl, dass dich etwas von ihm trennt. ✓✓

Ben
Oft wird ja gestritten, was denn überhaupt Sünde ist und was nicht ... ✓✓

Preacherman
Ja, manche Leute machen anderen Angst mit Dingen, die sie selbst als „böse" bezeichnen. Und dann sprechen sie gleich davon, dass Gott das bestrafen wird. Zum Beispiel: Kartenspielen, Tanzen gehen, auf Partys gehen, Selbstbefriedigung, Tattoos, Songs von Nichtchristen hören ... ✓✓

Lisa
Krass. Einiges davon habe ich aber auch schon gehört und mich sehr gewundert. Daher kommt, glaube ich, auch meine Angst. ✓✓

Ben
Woher weiß ich denn nun, was Sünde ist und was nicht? ✓✓

Preacherman
Die Bibel spricht davon, dass Sünde das ist, was gegen den Willen Gottes ist. Ich habe mal eine Definition von Sünde gehört, die ich sehr gut finde – und auch für mein Leben anwende. ✓✓

Lisa
Und die wäre? ✓✓

Preacherman
„Sünde fängt da an, wo ich mir oder einem anderen Menschen etwas antue, was dieser nicht möchte oder was dieser Person schadet. Denn Sünde ist das Gegenteil von Liebe." ✓✓

Marie
Sehr cool! ✓✓

Ben
Ja, damit kann man endlich was anfangen. ✓✓

Preacherman
Sünde ist also das, was sich negativ auf meine Beziehungen zu anderen, die Beziehung zu mir selbst und meine Beziehung zu Gott auswirkt. ✓✓

Einstein
Sehr gut. Dann kann anhand dieser Definition jeder selbst prüfen, ob etwas Sünde ist oder nicht. Tue ich mir oder jemand anderem weh, dann ist es falsch. ✓✓

Preacherman
Höre ich ein Lied aus den Charts und freu mich an der Musik, schadet das ja niemandem. Auch mir selbst nicht. ✓✓

Einstein
Anders ist es, wenn ich jemanden anlüge, lästere oder Unwahrheiten über eine Person verbreite. ✓✓

Leon
Und wenn ich mich mit Drogen vollpumpe, schadet mir das und macht mich kaputt. ✓✓

Ben
Wenn ich mir ein schönes Tattoo stechen lasse, ist das für mich Körperschmuck und schadet mir nicht – und auch sonst niemandem. ✓✓

Preacherman
Ja, perfekt ergänzt, Jungs! Ihr habt's verstanden! ✓✓

Marie
Danke für eure Gedanken, Leute. Jetzt kann ich mir endlich was unter „Sünde" vorstellen. ✓✓

Lisa
Und ich muss nicht mehr so viel Angst bei dem Thema haben. ✓✓

Preacherman
 ✓✓

⚙ Hier endet der Chat ⚙

Nur zusammen ergibt's einen Sinn
Einstein schreibt …

Einstein
Was wäre ein Sommer ohne Sonne? Bitte ergänzen: 😄 Was wäre ein Auto ohne …

Marie
… Fahrer?

Ben
ein Fußballspiel – ohne Ball?

Lisa
ein Bleistift – ohne Radiergummi?

Preacherman
die Weltgeschichte – ohne Jesu Geburt?

Einstein
ein Lehrer – ohne Schüler?

Leon
ein Haus – ohne Fundament?

Marie
ein Berg – ohne Tal?

Preacherman
das Leben – ohne Liebe?

Leon
ein Buch – ohne Buchstaben? ✓✓

Preacherman
Jesu Tod – ohne Auferstehung? ✓✓

Lisa
ein Lied – ohne Melodie? ✓✓

Einstein
eine Zahnbürste – ohne Zahnpasta? ✓✓

Marie
eine Braut – ohne Bräutigam? ✓✓

Gott
ich – ohne DICH? ✓✓

 Hier endet der Chat

You'll never walk alone
Leon schreibt …

Leon
Ich war am Samstag bei Borussia Dortmund im Stadion. War echt ein Erlebnis und ein klasse Fußballspiel! Aber am meisten beeindruckt hat mich das Lied „You'll never walk alone" kurz vor Spielbeginn. Über 80.000 Menschen haben das zusammen lautstark gesungen. Gäääänsehaut pur! 😁 😁

Marie
Ich hab's mir gerade bei YouTube angehört … echt bewegend! 😄

Einstein
Spannend ist: Dieses Lied stammt eigentlich aus dem Musical „Carousel" aus dem Jahr 1945. Gesungen für eine schwangere Frau, die ihren Mann im Krieg verloren hat. Doch seit den 1960ern ist es vor allem in den Fußballstadien dieser Welt bekannt geworden.

Ben
Ich finde es stark, dass das Lied so gut die Zusammengehörigkeit zum Ausdruck bringt: „You'll never walk alone" – auch wenn ein Spiel mal nicht so gut läuft, auch wenn ein einzelner Spieler einen Fehler macht: Du bist nicht allein. Wir stehen zusammen.

Preacherman

Im Song heißt es: „Auch, wenn du durch den Sturm gehst. Durch Regen, durch Wind. Wenn sich alle deine Träume in Luft auflösen: Geh weiter. Mit Hoffnung in deinem Herzen. Und du wirst niemals alleine gehen."
Das erinnert mich so sehr an unseren Gott. ✓✓

Gott

Mein geliebtes Kind: Hab keine Angst, denn ich habe dich erlöst! Ich habe dich bei deinem Namen gerufen, du gehörst zu mir. Wenn du durch tiefes Wasser oder reißende Ströme gehen musst – ich bin bei dir, du wirst nicht ertrinken. Und wenn du ins Feuer gerätst, bleibst du unversehrt. Keine Flamme wird dich verbrennen. Denn ich, der Herr, bin dein Gott, der heilige Gott Israels (Jesaja 43,1–3). ✓✓

Ben

Wow! Da bekomm ich auch Gänsehaut.
Was für ein Verspechen! ✓✓

Lisa

Hm, die reißenden Ströme und Feuer und so … bedeuten aber auch, dass im Leben nicht immer alles ohne Probleme abläuft ... ✓✓

Einstein

Ganz richtig. Stürme, Feuer und Wasser – all das steht für die Turbulenzen, die es in jedem Leben gibt. Jeder Mensch erlebt sie. Gott verspricht uns nicht, dass uns niemals etwas Schlimmes passieren wird. ✓✓

Preacherman
Gott verspricht uns aber, dass er bei uns sein wird –
egal, was passiert. Das „Herr" oben im Vers ist das
übersetzte Wort für das hebräische Wort „Jahwe",
was bedeutet: Ich bin da!

Marie
Und solche Lebensstürme können einen
ganz schön heftig umherwirbeln und auch
richtig umschmeißen.

Einstein
Ja. Wir können auch Dinge erleben, die schlimm
und unerträglich sind, wie der Tod eines geliebten
Menschen – so wie es bei dem Song in dem Musical
ursprünglich war.

Preacherman
Aber es gibt Trost in allem Leid: Wir haben einen starken
Gott, der uns niemals alleine laufen lässt. Und wer ihn – und
hoffentlich auch liebe Mitmenschen – an der Seite hat und
mit ihnen zusammen durch diese harten Zeiten geht, der
wird sie überstehen. Das kann lange dauern und viel Schmerz
bedeuten. Aber ohne Begleitung wäre es unerträglich.

Gott
Go on! Geh weiter.
Mit Hoffnung in deinem Herzen.
Und du wirst niemals alleine gehen.
You'll never walk alone!

✿ Hier endet der Chat ✿

 **Raus aus dem Schneckenhaus**
Preacherman schreibt …

⋮

Preacherman
Hi zusammen! Lust auf eine Geschichte? ✓✓

Marie
Klar. Immer! ✓✓

Ben
Logo! 👍 ✓✓

Preacherman
Hier, lest mal: ✓✓

Die Schnecke kriecht durch den Garten. Da begegnet
sie dem Regenwurm. Der lacht: „Ha ha, die Schnecke!
Dass du dich noch hierher traust! Die Menschen
können dich nicht leiden. Du frisst ihnen das Gemüse
weg. Ich lockere die Erde, dass alles gut wachsen
kann. Aber du? Du bewirkst nichts Gutes."
Etwas geknickt kriecht sie weiter. Da begegnet sie
dem Hund. Der sagt: „Ha ha, die lahme Schnecke! Mit
dir kann man ja noch nicht mal spazieren gehen. Ich
bringe die Menschen dazu, sich wenigstens ab und zu
mal zu bewegen. Aber du? Du bewirkst nichts Gutes."
Den Tränen nahe begegnet sie dann der Katze, die
meint: „Also, mich streicheln die Menschen ja sehr
gerne. Aber dich? Das will ja niemand, so schleimig,
wie du bist!"   ✓✓

Die Schnecke zieht sich in ihr Haus zurück und weint.
Tagelang kommt sie nicht mehr heraus. Warum auch,
denkt sie, die anderen sagen ja, dass ich unnütz bin.
Eines Tages kommt ein Kind mit seiner Mutter vorbei.
Es spielt im Garten und sieht das Schneckenhaus.
„Was ist das, Mama?", fragt es neugierig.
„Eine Schnecke. Aber sie hat sich in ihrem Haus
versteckt."
„Ihr Haus sieht aber sehr schön aus", meint das Kind,
streicht vorsichtig über das Haus und sagt:
„Das ist doch wie bei Gott. Er ist auch immer um uns
herum. Er beschützt uns. Daran erinnert mich die
Schnecke, Mama!"
Staunend sieht die Mutter ihr Kind an und nickt.
„Da, schau mal", ruft das Kind nun aufgeregt,
„die Schnecke kommt aus ihrem Haus!"

Lisa
Schöööön! 😄 Und ein bisschen traurig ...

Marie
Ich kann die Schnecke gut verstehen. Ich verkrieche
mich auch manchmal in mein Schneckenhaus.

Leon
Menschen können so gemein und verletzend sein.
Anderen zu sagen, dass sie komisch, anders oder gar
unnütz sind – das können viele leider ziemlich gut.

Ben
Dabei ist doch gerade die Vielfalt so spannend. Stellt euch vor, wir wären alle gleich. Leute, das wäre doch sooo oberlangweilig! ✓✓

Lisa
Wie gut, dass bei Gott alle Menschen geliebt sind, ohne Ausnahme. Er unterscheidet nicht danach, wer wie viel leistet, wer was kann, wer wie aussieht und so. ✓✓

Gott
Ganz genau, Lisa! Jeden einzelnen Menschen habe ich kunstvoll erschaffen. Schon im Bauch eurer Mutter habe ich euch gebildet und von Anfang an geliebt. Wunderbar und einzigartig habe ich jeden Menschen gemacht. Für jeden Menschen gibt es nur die eine Bewertung: Eine 1+ mit Sternchen! Perfekt gemacht! Sehr gut gelungen! ❤️❤️❤️ ✓✓

Marie
Oh, das ist toll! 😂 ❤️ ✓✓

Preacherman
Menschen verletzen einander schnell. Und verkriechen sich dann in ihr Schneckenhaus. ✓✓

Preacherman

Also, wenn ihr mal wieder traurig und verletzt seid: Schreibt euch Gottes Zusage auf einen Zettel. Hängt ihn auf. Lest ihn immer wieder und betet, dass ihr Kraft bekommt, das für euch anzunehmen – dass ihr durch Gottes Worte Kraft und Mut bekommt, mehr auf SEIN Urteil über euer Leben zu hören als auf das von Menschen. ✓✓

Marie

 ✓✓

Preacherman

Und natürlich dürft ihr auch für den Mitmenschen da sein, der sich gerade in sein Schneckenhaus verzogen hat, weil andere ihm gesagt haben, dass er uncool, hässlich, blöd usw. sei. Stärke die Person, sag ihr, dass sie toll und von Gott unendlich geliebt und wertvoll ist! Und dann wagt sie sich vielleicht wieder aus dem Schneckenhaus – weil ihr sie ermutigt habt. ✓✓

⚙ Hier endet der Chat ⚙

Alles, nur kein Mainstream
Preacherman schreibt ...

Preacherman
Wisst ihr, was mir gerade aufgefallen ist? ✔✔

Ben
Wie ich dich kenne, wirst du es uns garantiert nicht verschweigen! 😄 ✔✔

Preacherman
Ha ha, genau! 😄 ✔✔

Preacherman
Also, mir ist aufgefallen, dass Jesus immer anders war, als alle es erwartet hätten. Er hat ganz oft genau das gemacht, womit keiner gerechnet hat ... ✔✔

Ben
Surprise, surprise! 😊 ✔✔

Lisa
Stimmt, zum Beispiel in meiner Lieblingsgeschichte im Johannesevangelium, Kapitel 4.

Dort spricht er die Ausländerin einfach an, plaudert mit ihr über das Leben und ihre Sehnsüchte. ✔✔

Preacherman
Ja, sie ist eine ganz normale Frau für Jesus. Er sieht in ihr nicht die Ausländerin. Überhaupt hat Jesus alle Frauen extrem wertgeschätzt und gut behandelt – das war völlig unüblich für die damalige Zeit. ✓✓

Leon
Ja, da fällt mir gerade noch eine Story ein: Als die Gelehrten eine Ehebrecherin mit Steinen umbringen wollten, rettete Jesus ihr Leben und sagte: „Wer von euch noch nie gesündigt hat, soll den ersten Stein auf sie werfen!"

✓✓

Marie
Ja, Jesus war so ganz anders. Er wusch seinen Jüngern sogar die Füße. Das machten damals eigentlich nur die Sklaven bei ihren Herren!

✓✓

Einstein
Deshalb bewundere ich Jesus so. Er war nie Mainstream. Und er schaute immer auf das, was dem anderen guttut. ✓✓

Marie
Hm, wie würde die Welt aussehen, wenn sich alle an dem Vorbild Jesu orientieren würden!? ✓✓

Ben

Ja, dann würden in den Nachrichten nicht nur Berichte über Rassismus, Diebstahl, Krieg, Neid und Verbrechen gesendet werden. ✓✓

Lisa

... aber das wird wohl nie passieren. 😣 Wir können nun mal diese crazy Welt nicht so einfach verändern. ✓✓

Preacherman

Lisa, da hast du leider recht. Die ganze Welt verändern werden wir wohl nicht. Aber vielleicht können wir die Welt an dem Ort, wo wir gerade sind, ein bisschen besser machen!? ✓✓

Lisa

 ✓✓

Einstein

Wenn wir auf Ausländer und Flüchtlinge zugehen ... wenn wir erst uns anschauen, statt andere für ihre Fehler fertigzumachen ... wenn wir anderen sagen, dass sie schön, wertvoll, geliebt sind ... wenn wir vergeben, statt zurückzuschießen ... dann sind auch wir anders als der Mainstream. ✓✓

Preacherman

Wenn wir lieben, wie Jesus die Menschen geliebt hat, dann kann ein klein wenig Himmel hier auf der Welt sein. Überlegt mal, wo ihr euch heute Jesus zum Vorbild nehmen könnt. ✓✓

 Hier endet der Chat

Verliebt! ❤️
Marie schreibt …

Marie
Ich bin so verliebt!!! ❤️ ❤️ ❤️ Er ist sooo süüüüß.
Und so schön! Seit zwei Tagen sind wir zusammen! ❤️ ✓✓

Lisa
Oh, wie cool. Freut mich für
dich. Kennen wir ihn!? 😄. ✓✓

Marie
Hm, das wird noch nicht verraten. 😄 ✓✓

Ben
Glückwunsch! 😂 👍 ✓✓

Marie
Wenn ich ihn sehe, schlägt mein Herz Purzelbäume.
Ich bekomme kaum Luft. In mir brennt vor Freude
ein Feuerwerk ab … Aaaah! ❤️ ❤️ ❤️ ✓✓

Marie
Manchmal glaube ich, ich sterbe vor Glück. Aber ich weiß
ja auch: Irgendwann muss aus Verliebtsein mehr werden
… also echte Liebe, meine ich. ✓✓

Leon
Ich bin mit meiner Freundin seit über einem Jahr zusammen.
Die Schmetterlinge sind jetzt viel weniger geworden. Aber ich
kenne Carolin nun … irgendwie anders. ✓✓

Ben
Irgendwie anders? Hä? ✓✓

Leon
Na ja, ich weiß nun viel mehr von ihr. Und kenne auch ihre Macken, ihre Schwächen, wo sie mich echt nervt und so weiter. Und trotzdem liebe ich sie. Nur eben anders als am Anfang ... ✓✓

Einstein
Leon, das kenne ich auch. Ich bin inzwischen über 20 Jahre verheiratet. Liebe ist eine bewusste Entscheidung für einen anderen Menschen geworden. Ich bin immer noch in meine Frau verliebt, aber manchmal sind keine Glücksgefühle da. Trotzdem ist sie die wichtigste Person in meinem Leben! Wir teilen alles. Und auch, wenn wir uns manchmal so richtig auf den Keks gehen: Die Verbundenheit zwischen uns ist tief und stark. Ist eben echte, gewachsene Liebe! ❤️ ✓✓

Lisa
@Einstein: Kann man sagen: Verliebtsein ist so was wie die Vorstufe zur Liebe? Also, später schaut man dann nicht nur auf das süße Mädel oder den gut aussehenden Kerl, sondern viel mehr auf den Charakter ...? ✓✓

Einstein
Das trifft es ganz gut!! 👍 ✓✓

Marie
Hey Preacherman, in der Bibel steht nicht wirklich was zum Thema Verliebtsein, oder? ✓✓

Preacherman

Aber klar doch! Zum Beispiel in Salomos Hohelied der Liebe. Da steht zum Beispiel:
Er: „Wie schön du bist, meine Freundin, wie wunderschön! Deine Augen ... dein Haar ... deine Zähne ... dein Mund ist verlockend und schön ... Dein schlanker Hals ist so herrlich anzusehen ... und deine Brüste ... Deine Schönheit ist vollkommen, meine Freundin, kein Makel ist an dir."
(Aus dem Hohelied Salomos, Kapitel 4)

Preacherman

Oder hier, lest mal:
Sie: „Mein Liebster strahlt vor Schönheit und Kraft, unter Tausenden ist keiner so wie er! Sein Gesicht schimmert wie Gold, sein Haar ist rabenschwarz ... seine Augen sind von vollkommener Schönheit ... Seine Lippen leuchten wie rote Lilien ... Seine Küsse sind zärtlich, alles an ihm ist begehrenswert. So ist mein Liebster, mein Freund."
(Aus dem Hohelied Salomos, Kapitel 5)

Marie

Wie süß! Das muss ich ihm gleich schicken!!

Preacherman

Das Buch Hohelied in der Bibel drückt totales Verliebtsein aus. Pure Erotik. Wäre ja auch schade, wenn dazu gar nix in der Bibel stehen würde. 😂 Schließlich sind Verliebtheitsgefühle und die Sexualität zwei der wundervollsten Sachen, die Gott uns Menschen geschenkt hat!

Einstein

Gott hat uns so viele tolle Hormone in den Körper gelegt. Marie, bei dir rauscht gerade ein Cocktail aus Hormonen durch die Blutbahn. 😂 Glückshormone, Kuschelhormone und alles, was schön und aufregend zugleich ist. Das ist einfach nur zum Genießen! 😂

Marie

Ja!!! 😆 Und wie ich das genieße!

Preacherman

Das sollst du auch, klar!! Wenn du verliebt und überglücklich bist, dann darfst du natürlich auf dieser großartigen Welle voller Freude und Genuss reiten!

Marie

Aber ich hoffe trotzdem, dass aus dem Verliebtsein irgendwann echte Liebe wird!

Einstein

Das wünsche ich dir sehr! 😆

🔧 Hier endet der Chat 🔧

Ein hoffnungsloser Fall?

Leon schreibt …

Leon
Ich habe diese Woche im Lukasevangelium, Kapitel 23,

von der Kreuzigung gelesen. Und eine Person darin beschäftigt mich total. ✓✓

Marie
Wer denn? ✓✓

Leon
Der eine von den beiden Verbrechern, die direkt neben Jesus gekreuzigt wurden. Der eine verspottete Jesus, worauf der andere Kriminelle antwortete: „Du bist genauso zum Tode verurteilt worden wie dieser Mann. Fürchtest du Gott nicht einmal jetzt? Wir werden hier zu Recht bestraft. Der hier aber ist unschuldig; er hat nichts Böses getan." (Lukas 23,40+41) Also, ich finde es krass, was dieser Typ da sagt … ✓✓

Lisa
Ja, krasse Situation. ✓✓

Leon
Man erfährt ja nicht viel über den Mann, der merkt, dass er zu Recht bestraft wird. Ich frage mich, wie sein Leben aussah ... ✓✓

Einstein
Lasst uns doch mal gemeinsam überlegen,
wie es gewesen sein könnte ... ✓✓

Marie
Okay. Vielleicht hieß er Semi. Semi war schon immer ein
Außenseiter. Keiner verstand ihn und seine Probleme. ✓✓

Ben
Die Familie war arm. Er hat von seinen Eltern wenig
Liebe bekommen. Schon als Kind hat er geklaut. ✓✓

Lisa
Später kamen Einbrüche und Betrügereien dazu. ✓✓

Marie
Und er erfährt immer noch mehr Ablehnung.
Keiner will was mit ihm zu tun haben. ✓✓

Preacherman
Über ihn wird gesagt: „Du bist ein hoffnungsloser Fall." ✓✓

Ben
Aber dann hat er von Jesus gehört. Schließlich ist der Typ
Gesprächsthema Nummer 1 im ganzen Land. Dieser Jesus soll
sogar für die Außenseiter ein Herz haben. Und einmal hat Semi
ihn auch aus der Ferne beobachtet. Er war fasziniert, wie Jesus
mit den Menschen umging. So anders. Er überlegt, ob Gott
ihn vielleicht von seinen Problemen befreien könnte. ✓✓

Preacherman
Doch in dem Moment erkennt ihn jemand. Eine Frau. Sie ruft: „Hau ab, du Scheißkerl. Du Versager! So jemand wie dich wollen wir hier nicht haben. Verschwinde!" ✓✓

Lisa
Sehr verletzt geht er weg, und die Wut kocht in ihm hoch. ✓✓

Leon
Semi ist so verärgert, dass er es allen heimzahlen will. Er findet einen anderen Mann. Sie tun sich zusammen. ✓✓

Ben
Sie verüben einen Anschlag auf dem Marktplatz. Aus Hass und Wut auf die, denen es besser geht, und die sie nur als Versager, Nichtsnutze und Idioten beschimpfen. ✓✓

Leon
Viele Menschen werden bei dem Anschlag verletzt. Eine Person stirbt sogar. Überall Blut. ✓✓

Preacherman
Nun steht fest: Semi ist ein Mörder. ✓✓

Lisa
Ein hoffnungsloser Fall. Und der muss weg. Für immer! ✓✓

Einstein

Und da es bei den Römern für so einen hoffnungslosen Fall die Todesstrafe gibt, muss er an das Kreuz. Dort soll er jämmerlich leiden und sterben. ✓✓

Ben

Und dann hängt Semi dort blutüberströmt. Schreit vor Schmerzen. Neben ihm hängt Jesus. Semi fragt sich Tausende Male: Warum? Was hat der denn getan? Im Gegenteil zu mir war er nur gut zu den Menschen. ✓✓

Marie

Dann bekommt er mit, wie sich die Römer und einige Gelehrte über Jesus lustig machen. Sie freuen sich, wie er leidet, und genießen es, Jesus vor Schmerzen stöhnen zu hören. ✓✓

Lisa

Nun macht sich auch noch sein Kollege, der Mittäter, über Jesus lustig. Der ruft zu Jesus rüber: „Hey, du sollst doch hier der King sein. Wenn das so ist, dann tu jetzt mal eines von deinen krassen Wundern und errette uns alle vor'm Tod." ✓✓

Leon

Semi wird sauer. Er ruft rüber: „Halt deine Klappe! Du bist genauso zum Tode verurteilt worden wie dieser Mann. Fürchtest du Gott nicht einmal jetzt? Wir werden hier zu Recht bestraft. Wir bekommen, was wir verdient haben. Jesus hier aber ist unschuldig. Er hat nichts Böses getan." ✓✓

Preacherman
Semi schaut zu Jesus und weint bitterlich. Er bereut, was er getan hat, dass er dadurch zum Mörder wurde. Und Jesus schaut ihn voller Mitgefühl und Verständnis an.

Marie
Semi bekommt vor lauter Schmerzen kaum noch Worte heraus. Er nimmt noch mal seine letzten Kräfte zusammen und stöhnt: „Jesus, vergiss mich nicht! Denke an mich, wenn du bei Gott bist."

Ben
Jesus schaut ihn voller Liebe an und sagt: „Noch heute wirst du mit mir im Paradies sein."

Lisa
Es sind die letzten Worte, die er mitbekommt. Und zum ersten Mal, in den letzten Sekunden seines Lebens, hat er Hoffnung. „Noch heute wirst du mit mir im Paradies sein." Diesen Satz wiederholt er immer wieder. Bis er stirbt.

 Hier endet der Chat

Loslassen
Lisa schreibt …

Lisa
Ich bin nun schon seit über zwei Jahren von meinem Freund getrennt. Trotzdem muss ich immer noch an alles von damals denken. 😣 Ich grüble viel, warum die Beziehung auseinandergegangen ist. Und weine manchmal auch, weil ich mich einsam fühle. Ich will optimistisch in die Zukunft schauen, kann das aber nicht. Was soll ich bloß tun??

Einstein
Ich habe eine kleine Geschichte für dich:
Ein Junge ging zu seinem Lehrer und fragte ihn: „Wie kann ich mich von dem befreien, was mich an die Vergangenheit festbindet?" Da nahm ihn der Lehrer mit raus in den Garten und umklammerte einen großen Baum und fragte: „Was kann ich tun, damit dieser Baum mich loslässt?"

Einstein
Gibt dir diese Geschichte vielleicht eine Antwort?

Lisa
Hm. Ich bin nicht ganz sicher …

Einstein
Was würdest du dem Lehrer antworten?

Lisa
Der Baum muss mich gar nicht loslassen. Ich umarme ja ihn. Ich muss den Baum loslassen.

Einstein
Ja, Lisa, ganz richtig! ✓✓

Lisa
Also sollte ich die gescheiterte Beziehung hinter mir lassen und neu anfangen … statt weiter zu grübeln? ✓✓

Einstein
 Natürlich muss man das, was passiert ist, erst mal verarbeiten. Das braucht Zeit. Aber oft bleiben wir dann in der Vergangenheit stecken. Haben Angst, Neues anzupacken. Klagen und Trauern über das Verlorengegangene, statt neue Wege zu suchen. ✓✓

Lisa
Hm, ja … da ist was dran! Ich blicke meist zurück, aber selten nach vorne … ✓✓

Einstein
Und, Preacherman, wie ich dich kenne, hast du dazu auch gute Gedanken von Gott parat, nicht wahr?! ✓✓

Preacherman
Na logo! 😂 Wenn du fliegen willst, musst du loslassen, was dich runterzieht! Wir pflegen unsere Narben oft sehr gut. Aber das zieht uns nur runter, statt uns stark und frei zu machen. ✓✓

Lisa
Das stimmt. ✓✓

Preacherman
Und genau das will Gott: Uns frei machen! Er ist der beste „Frei-Macher", den es gibt! Deswegen sind bei ihm alle Narben bestens aufgehoben. Es ist so befreiend, Gott alles zu sagen, was passiert ist. Und kein Schmerz der Vergangenheit ist größer als Gott.

Gott
So ist es! Mein geliebtes Kind, gib mir alles, was dich von der Zukunft abhält; was dich hindert, frei zu sein. Bleib nicht in der Vergangenheit stecken! Schau nach vorne, denn ich will etwas Neues tun! Es hat bereits begonnen, hast du es schon bemerkt? (nach Jesaja 43,18–19)

Lisa
Oh bitte, guter Gott, befreie mich von den Schmerzen meiner Vergangenheit. Nimm du alles weg, was mich hindert, frei zu sein. Mach mich zu einem Menschen, der neu durchstarten kann. Gib mir Mut und Kraft dazu!

Preacherman
@alle: Wo hängst du in der Vergangenheit fest?? Gib Gott dein Gestern! Denn heute ist ein neuer Tag. Und morgen kann alles noch besser werden!

 Hier endet der Chat

„So will ich auch sein!" Wirklich?
Leon schreibt ...

Leon
Hey Leute, ich hab gerade mein Sammelalbum mit den Stickern der letzten Fußball-WM im Schrank gefunden ... Sammelt ihr auch Sticker oder Karten?

Preacherman
Oh ja, ich habe auch unzählige Sammelalben von Panini mit den ganzen Fußballern ... Einige sind schon über 20 Jahre alt ... Oha, werde ich alt! 😊

Lisa
Ich habe früher Pferde-Sticker gesammelt. Je mehr Glitzer, desto besser. 😄

Leon
In meiner Klasse jagen alle die Karte von Christiano Ronaldo. Er ist das große Vorbild. Der Hero. Alle wollen so sein wie er.

Marie
Was zeichnet Ronaldo denn aus?

Leon
Bester Fußballer der Welt. Erfolgreich. Er hat megaviel Kohle. Kann sich alles leisten. Sieht gut aus. Die Fans rasten richtig aus, wenn sie ihn sehen ...

Ben
Und, willst du auch sein wie er, Leon?

Leon
Na ja, das wäre schon ein richtig cooles Leben! 😄

Ben
Sicher?

Leon
Ähm, ja schon … Oder?

Preacherman
Angenommen, alle könnten haargenau so sein wie ihr Vorbild. Was dann?

Lisa
Na ja, dann wären viele Leute ganz ähnlich oder sogar gleich.

Leon
Okay, wenn nur Ronaldos beim Fußball gegeneinander antreten würden, wäre das eher langweilig.

Marie
Oder alle Jungs so aussehen würden wie Justin Biber oder alle Mädels wie die YouTuberinnen ViktoriaSarina…

Lisa
Das wär' ziemlich öde.

Preacherman
Es ist gut, dass wir Menschen verschieden sind. Jeder ist schließlich ein Original! Trotzdem ist es nichts Schlechtes, Vorbilder zu haben. Wir brauchen andere auch ein Stück weit, um uns an ihnen zu orientieren. Aber es bringt nichts, die Vorbilder einfach nur zu kopieren.

Einstein
 Wir brauchen Originale. Kopien gibt es schon genug!

Leon
Das stimmt. Und je länger ich so nachdenke ... Bei Ronaldo ist ja auch nicht alles so toll. Dauernd hat er andere Frauen am Start. Wahrscheinlich hat er auch Steuern hinterzogen ... Und er rastet oft aus ...

Marie
Jedes Vorbild hat also auch seine negativen Seiten, stimmt ...

Preacherman
Super, ihr beiden! Da habt ihr eine wichtige Erkenntnis gewonnen! Vorbilder haben ihre guten, tollen Eigenschaften. Da kann man sich sicherlich was abgucken. Trotzdem sollte man auch immer schauen, ob wirklich alles an ihnen soo positiv ist. Denn wenn ein Ronaldo dauernd eine andere Frau im Arm hat, dann sagt das viel über ihn aus. Wahrscheinlich sehnt er sich tief im Herzen nach einer Frau, die ihn nicht nur wegen des Geldes liebt ...

Einstein
Gerade, wenn es um Beziehungen geht, sind die Musik-, Hollywood- und Sportstars leider selten ein gutes Vorbild. Denn oft bestimmen da Affären, Scheidungen und dauernde Partnerwechsel die Schlagzeilen.

Preacherman
Auch in der Bibel wird von einer Menge von Menschen berichtet, die viele Fehler gemacht, aber auch tolle Dinge bewirkt haben, Dinge, die Gott richtig gut fand. Anhand der Bibel können wir gut abchecken: Was denkt Gott über eine bestimmte Sache, ein bestimmtes Verhalten?

Einstein
Viele Menschen der Bibel können uns ein Vorbild fürs Leben und den Glauben sein.

Ben
Wir sollten uns dann also von den guten Eigenschaften der Vorbilder inspirieren lassen und von den schlechten Eigenschaften lernen.

Preacherman
Gute Zusammenfassung, Ben!

Marie
Und Jesus ist DAS geniale Vorbild! Von ihm kann man sich richtig was abgucken! 😂

Preacherman
👍👍

🔧 Hier endet der Chat 🔧

Wer bin ich?
Marie schreibt …

Marie
Tach, Leute! Ich frage mich zurzeit oft: Wer bin ich? Was ist mein Leben – und was nicht?

Einstein
Das ist eine der spannendsten Fragen, die es gibt, Marie!

Leon
Hast du schon Antworten gefunden?

Marie
Hm, weiß nicht. Ich habe das Gefühl, ich muss oft anders sein. Wenn ich das sage, was ich eigentlich denke, dann finden das viele blöd oder lachen drüber.

Ben
… und dann sagst du lieber nichts dazu? Oder das, was die anderen hören wollen?

Marie
Ja, schon … sehr oft … 😣 😣

Ben
Das kenn ich gut.

Lisa
Ich auch. Das kennt wohl jeder …

Marie
Aber es ist doch unehrlich. Und ich fühl mich nicht immer gut dabei. Klar, cool, wenn die anderen mich dann deswegen hip finden. Aber in mir fühlt es sich an, als hätte ich mich selbst belogen ... ✓✓

Leon
Ich habe auch festgestellt, dass ich ein paar Dinge nur mache, weil meine Freunde das so von mir erwarten. Oder meine Eltern. Aber das will ich eigentlich so gar nicht. ✓✓

Einstein
Und genau da sind wir bei der Frage, die Marie am Anfang gestellt hat: Wer bin *ich*? Was ist *mein* Leben? Oder bin, sage und lebe ich nur das, was andere wollen? ✓✓

Einstein
Wir setzen uns im Alltag viele verschiedene Masken auf. Wie im Theater spielen wir verschiedene Rollen. Wir haben eine Maske für die Schule. Eine für die Kirche, eine weitere für die Freunde, für den Besuch bei den Verwandten und so weiter. Oft sagen wir dann hinter der Maske nur, was das Gegenüber gerade von uns hören möchte. ✓✓

Marie
Stimmt. Leider. 😖 Aber gibt es denn einen Weg, diese Masken loszuwerden – und nur EINE Rolle zu spielen? ✓✓

Einstein

Ja, klar. Indem du versuchst, immer mehr du selbst zu werden. Das bedeutet viel Mut, ich weiß. Aber so wirst du Schritt für Schritt immer mehr DU sein! Manche werden dir dann vielleicht den Rücken zukehren. Da weißt du dann: Das waren deine falschen Freunde. Die fanden dich nur in deiner Rolle cool. Aber sie lieben dich nicht, wie du wirklich bist.

Preacherman

Wenn du dein wahres Ich zeigst, bist du spannend. Du wirkst dann auf andere anziehend wie ein Magnet. Somit ziehst du automatisch neue Leute an, die dich so nehmen, wie du bist!

Einstein

„Du selbst zu sein, in einer Welt, die dich ständig anders haben will, ist die größte Errungenschaft." Zitat von Ralph Waldo Emerson.

Preacherman

Auch Gott hat dich nicht dazu berufen, jemand anderes als DU zu sein. Er hat dich dazu berufen, das beste Du zu sein, das DU sein kannst.

Marie

Einstein

@ alle: Wo trägst du eine Maske? Wer bist du wirklich? Was macht DEIN Leben aus?

⚙ Hier endet der Chat ⚙

Das größte Geschenk
Lisa schreibt …

Lisa
Hi ihr! Wir haben im Reli-Unterricht die Hausaufgabe, uns Gedanken zu machen, was Martin Luther mit den lateinischen Worten „sola gratia", also „allein durch die Gnade", meint. Vorschläge!? 😄

Ben
Hm, Gnade … das Wort höre ich oft. Aber ich weiß nicht genau, was es bedeutet …

Leon
Ich denke, Gnade bedeutet so was wie: Ich werde nicht bestraft, obwohl ich es verdient hätte.

Marie
Ja, wenn jemand gnädig ist, erlässt er einem die Schuld.

Einstein
Der Satz „Allein durch die Gnade" von Martin Luther ist schon über 500 Jahre alt! Zu Luthers Zeiten wurde gesagt: Für jede schlechte Tat muss man etwas tun, um den Fehler wiedergutzumachen. Man musste also Gebete sprechen, sich selbst bestrafen und Geld bezahlen, um sich von seiner Schuld freizukaufen. Es hieß: Wer das nicht macht, den liebt Gott nicht mehr und der landet dann nach dem Tod in der Hölle.

Ben
Krass!

Preacherman
Eine von Luthers Erkenntnissen war:
Allein durch die Gnade liebt mich Gott.
Und jeden Menschen!

Einstein
Das war in der Zeit damals eine Revolution, die zur
sogenannten „Reformation" (Erneuerung) führte. Und
die erlebten so viele Menschen als eine Befreiung und
Erleichterung. Sie erkannten: Ich muss mir meinen Frieden
mit Gott und den Himmel nicht erarbeiten oder verdienen.

Preacherman
Und doch ist das Thema bis heute noch aktuell …

Marie
Oh ja. 😞 Oft denke ich, ich müsste mehr in der
Gemeinde mitmachen, damit Gott mich mehr liebt …

Leon
Oder mehr beten.

Lisa
Oder ein besserer Mensch sein …

Gott
Meine Gnade ist ein großartiges Geschenk.
Und ein Geschenk muss man sich nie,
nie, niemals verdienen!! Man muss es nur
annehmen und sich drüber freuen! 😄 ❤️

Lisa
Danke, Gott!

Gott
Ich mache jedem Menschen dieses Geschenk, weil ich jeden über alles liebe. Und als besonderes Zeichen dieser Liebe ist mein Sohn Jesus für alle Schuld gestorben. Er hat damit für jede Schuld bezahlt. Niemand muss also irgendetwas leisten, um einen Fehler wieder „abzuarbeiten" oder meine Liebe zu verdienen.

Ben
Wow! Danke, Gott. Ich hab das zum ersten Mal so richtig verstanden. Das ist so überwältigend!

Leon
Das mit dem Geschenk ist echt cool. Immer, wenn ich jetzt ein Geschenk bekomme, werde ich an Gott denken. Und an die Gnade.

Lisa
Genial. Weil ich hier die besten Leute (und Gott!) in der Gruppe habe, hab ich jetzt meine Hausaufgabe schon fertig. Und dabei richtig was gelernt.

Preacherman
@alle: Gibt es Bereiche, wo du dir Gottes Liebe verdienen willst, statt sie dir einfach schenken zu lassen?

Hier endet der Chat

„Wie siehst du denn aus!?"
Preacherman schreibt …

Preacherman
Gestern hatte ich eine Begegnung mit Lydia.
Echt beeindruckend!

Marie
Lydia … beeindruckend? Ahaa!

Ben
 Los, Preacherman, erzähl schon!

Preacherman
Lydia hat am ganzen Körper Tattoos, viele Piercings und
manchmal bunt gefärbte Haare. Sie erzählte, dass sie immer
wieder von Leuten abfällig angeguckt wird. Manche sagen
ihr auch direkt: „Wie siehst du denn aus?" Oder: „Sorry, man
kann's auch übertreiben."

Leon
Sie schauen wohl nur auf ihr Äußeres …

Preacherman
Und solche Sprüche und Blicke bekam Lydia
auch, als sie die letzten zwei Sonntage im
Gottesdienst war. Niemand begrüßte sie nett
und hieß sie willkommen. Das hat sie sehr
traurig gemacht.

Preacherman
Lydia erzählte mir: „Ich arbeite als Altenpflegerin. Fast alle Leute im Altenheim sprechen mich auf mein Aussehen an. Finden mich komisch und sind misstrauisch. Doch wenn sie den Weg zurück in ihr Zimmer nicht finden ... wenn sie gewaschen und gefüttert werden müssen ... wenn sie aufmunternde Worte brauchen ... dann ist ihnen mein Aussehen egal."

Marie
Lydia tut mir leid. 😭 Und ich frage mich, wie ich wohl über sie denken würde, wenn ich ihr zum ersten Mal begegnet wäre.

Ben
Ja, das frage ich mich auch gerade. Leider ertappe ich mich auch manchmal, wenn ich in der Stadt auf den Penner oder die Bettlerin herabschaue – oder extra wegschaue.

Leon
Und wie viele werden in der Schule nur wegen ihrer Hautfarbe, ihres Gewichts oder Details, die an ihnen besonders sind, ausgelacht und geärgert!

Gott
Ich urteile nach anderen Maßstäben als ihr Menschen. Für euch ist wichtig, was ihr mit den Augen wahrnehmen könnt; ich dagegen schaue jedem ins Herz. (nach 1. Samuel 16,7)

Lisa
Ja, der erste Blick und die Vorurteile. 😞

Ben
Wie gut, dass du, Gott, so anders bist und den ganzen Menschen siehst! ✓✓

Einstein
Nun, es ist ja normal, dass wir einen „ersten Eindruck" haben und in Gedanken Menschen irgendwo einordnen. Nur sollten wir es nicht dabei belassen! ✓✓

Preacherman
Wir sollten nicht allzu streng mit uns sein. Wie Einstein richtig sagt, sind erste Einordnungen ganz normal. Entscheidend ist dann, ob es dabei bleibt oder nicht ... Wir sollten trotz unseres ersten Eindrucks versuchen, jedem Menschen freundlich, offen und ohne Vorurteile zu begegnen. So nach dem Motto: Einfach erst mal kennenlernen! ✓✓

Lisa
Das nehme ich mir für heute vor! Ich rede mit einer Person, die ich bisher in Gedanken immer abgestempelt hatte, ohne sie richtig zu kennen. Das muss sich ändern! ✓✓

Leon
Und ich stärke in der Schule morgen meinen Mitschüler, der immer blöd angemacht wird. ✓✓

⚙ Hier endet der Chat ⚙

 **Baum-Leben**
Lisa schreibt …

Lisa
Ich bin gestern im Wald spazieren gegangen. Das hat mir super-gutgetan! Und ich hab auch noch richtig was dabei gelernt.

Ben
Jetzt bin ich neugierig. Erzähl!

Lisa
Ich stand ganz lange Zeit vor einem großen Baum, habe ihn intensiv angeschaut und dabei mit Gott gesprochen. Und Gott hat mir tolle Gedanken geschenkt! Zu den Blättern, den Wurzeln, dem Baumstamm.

Leon
Das klingt echt spannend.

Lisa
Also: Der Stamm ist stark, eine Stütze für den ganzen Baum. Solch einen starken Stamm brauche ich auch für mein Leben: einen Ort, der mir Halt und Sicherheit gibt, an den ich mich zurückziehen kann. Ich brauche Menschen und einen Glauben, der mich stützt, mich stark macht.

Marie
Cooler Gedanke! Und was ist dir zu den Wurzeln eingefallen?

Lisa
Die Wurzeln sehe ich ja meist gar nicht. Doch nur durch sie kann der Baum leben. Die Wurzeln ziehen wichtige Nährstoffe aus dem Boden und geben sie an den Baum weiter. Mein Gedanke dazu: Wo hole ich die Kraft für meinen Alltag her?

Ben
Hm, eine gute Frage …

Lisa
Außerdem verankern sich die Wurzeln tief im Boden. Sie breiten sich überall aus und sorgen so dafür, dass der Baum im Sturm nicht umfällt. Meine Fragen dazu: Was hält mich im Sturm des Lebens? Wo schlage ich meine Wurzeln, um stark für das Leben zu werden?

Leon
Darüber muss ich echt auch mal nachdenken. Und woran hast du bei den Blättern gedacht?

Lisa
Am Blatt kann ich erkennen, zu welcher Art der Baum gehört. Und an mir erkennen andere, was mir wichtig ist, wofür ich stehe.

Lisa
Und über das Blatt „atmet" der Baum. Ich brauche auch andere Menschen zum Atmen – und sie mich. Ich möchte mich öffnen, Gefühle teilen, einfach leben. Und ich brauche die Zeiten mit Gott – in denen ich mal richtig durchatmen kann.

Gott

Ich segne jeden, der seine Hoffnung auf mich, den Herrn, setzt und mir ganz vertraut. Er ist wie ein Baum, der nah am Bach gepflanzt ist und seine Wurzeln zum Wasser streckt: Die Hitze fürchtet er nicht, denn seine Blätter bleiben grün. Auch wenn ein trockenes Jahr kommt, sorgt er sich nicht, sondern trägt Jahr für Jahr Frucht. (siehe Psalm 1)

Marie

Beeindruckende Bilder und Gedanken! Und Gott: Cool, dass zu den Bäumen sogar was in der Bibel steht! Ich werde heute auch mal vor einem Baum stehen bleiben. Und mir überlegen: Was hat er mir zu sagen?

Hier endet der Chat

Meine Geduld ist am Ende!
Leon schreibt …

Leon
Boah, ich könnte gerade echt ausrasten! Heute wollte ich mich zum dritten Mal mit Sammy treffen, um das Referat für die Schule vorzubereiten. Wieder kam er nicht. Jedes Mal ist irgendwas anderes. Meine Geduld ist am Ende! 😣 ✓✓

Marie
Kann dich gut verstehen. Gerade, wenn man sich für etwas extra die Zeit nimmt, ist das besonders ärgerlich. ✓✓

Leon
JAAA! Grrrr. 😣 ✓✓

Einstein
Ich muss ja zugeben, dass ich schnell die Geduld verliere, wenn ich an der Kasse im Supermarkt stehe ... Und die Leute vor mir sooo lange brauchen, um zu bezahlen. Puh. Da muss ich tief durchatmen, um nicht in die Luft zu gehen ... 😊 ✓✓

Ben
Wisst ihr, worüber ich froh bin? Dass Gott mit mir mehr Geduld hat als ich immer habe! ✓✓

Lisa
Guter Gedanke, Ben! ✓✓

Preacherman
Ja, absolut! Stellt euch mal vor, wenn Gott keine Geduld hätte. Er würde dann ja permanent auf den roten „Geduld ist am Ende!"-Buzzer hauen. ✓✓

Ben
Früher, wenn ich einen Fehler zum zweiten Mal gemacht habe, habe ich mich so geärgert und gedacht: Gott denkt jetzt bestimmt, ich wäre ein totaler Vollpfosten: Wieder versagt. Wieder der gleiche Fehler. Wieder ich. Aber dann habe ich gelernt: Selbst wenn ich einen Fehler zum hundertsten Mal mache, vergibt Gott mir immer noch. Er hat offenbar eine Wahnsinnsgeduld. ✓✓

Lisa
Echt Hammer. ✓✓

Preacherman
Und dabei hast du, Ben, sicherlich noch keinen Menschen umgebracht ... hoffe ich zumindest 😅 ✓✓

Ben
Nein, keine Angst. 😂 ✓✓

Preacherman
Saulus in der Bibel hingegen schon. Er jagte die Christen damals geradezu. Er hasste sie und wollte so viele umbringen, wie er nur konnte. Bis er dann selbst Christ wurde und eine komplette 180-Grad-Wende machte. Hier, lest mal 1. Timotheus 1,12–17:

Preacherman
Und wenn Gott jemandem wie ihm vergibt, und so geduldig mit ihm, einem Mehrfachmörder, ist – dann erst recht mit uns!

Marie
Gott, ich danke dir so sehr für deine Geduld. Denn wenn du so wenig davon hättest wie ich, dann wäre ich hilflos verloren. Es gibt mir so viel Ruhe, dass ich Fehler machen darf, ohne dass ich deswegen bei dir unten durch bin. Natürlich will ich alles richtig machen, aber das schaffe ich nicht. Danke für deine Geduld mit mir!

Gott
Sehr, sehr gerne, Marie, mein geliebtes Kind!

Leon
Wisst ihr, welcher Gedanke mir gerade kommt? Ich will Sammy eine neue Chance geben. Zumal er mir eben schrieb, dass er seine Oma im Krankenhaus besucht hat. ✓✓

Lisa
 ✓✓

Preacherman
Leon, das ist eine sehr weise Erkenntnis. Weil Gott mit uns so viel Geduld hat, dürfen auch wir uns im Umgang mit anderen immer wieder in Geduld üben. Geben wir dem anderen eine neue Chance. So wie Gott das mit uns tut! 😄 ✓✓

⚙ Hier endet der Chat ⚙

Chillen mit Jesus
Lisa schreibt …

Lisa
Ich habe gerade in Lukas 10,38–42 die Geschichte von den Schwestern Maria und Martha gelesen.

Lisa
Was denkt ihr über die Story?

Leon
Worum geht's noch mal?

Lisa
Jesus ist bei den Schwestern zu Gast. Martha kümmert sich die ganze Zeit drum, dass es allen Gästen gutgeht. Maria sitzt bei Jesus und hört zu, was er erzählt. Da wird Martha sauer und fordert Jesus auf, Maria zum Arbeiten zu bewegen. Jesus aber findet es gut, dass Maria bei ihm sitzt und ihm zuhört, statt ihn zu bedienen.

Marie
Klingt ja fast so, als fände Jesus Gastfreundschaft nicht so wichtig.

Preacherman
Ja, das könnte man so interpretieren. Glaube ich persönlich aber nicht. Denn die ganze Bibel spricht immer wieder davon, wie wichtig Gastfreundschaft und Hilfsbereitschaft sind. Jesus kritisiert hier auch in keinem Wort die Gastfreundschaft Marthas. Ich glaube, Jesus stört es, dass sich Martha bei ihm über Maria beschwert. Dabei ist die nur am Glauben interessiert und möchte über Gott und die Welt nachdenken. ✓✓

Lisa
Ah, okay. Also nicht nur die Leistung zählt ... ✓✓

Einstein
Genau. Und damit ist die Geschichte ja topmodern, nicht wahr!? ✓✓

Preacherman
Korrekt! 👍 Die Gesellschaft, in der wir leben, ist stark vom Leistungsdruck bestimmt: „Ich bin, was ich leiste!" Viele kennen das: Voller Terminkalender. Stress. Nur Action. Oft auch am Wochenende. Als Folge davon sind wir oft angespannt, ausgepowert, nervös und gereizt. Deshalb unterstützt es Jesus, auch einfach mal Pause zu machen. Zur Ruhe zu kommen. Zu chillen. Zu beten. Über Gott nachzudenken. ✓✓

Einstein
Ich habe mal gehört: Wer erst schweigt, kann besser reden. Wer empfängt, besser geben. Wer sich segnen lässt, besser segnen. Wer sich beschenken lässt, besser schenken. Wer ausruht, besser arbeiten. ✓✓

Leon
Wenn ich also der „Maria" in mir mehr Zeit gebe, kann auch die „Martha" in mir besser arbeiten. ✓✓

Ben
Ich glaub, da ist was dran! 👍😂
@Leon: Wusste gar nicht, dass in dir auch weibliche Seiten stecken! 😜 Spaaaß!! ✓✓

Leon
Haha, du Scherzkeks! 😂 ✓✓

Einstein
Spannend an der Geschichte ist auch: Für Frauen gehörte es sich zu der Zeit Jesu nicht, dass sie bei den Männern saßen, ihnen zuhörten oder sich gar an Gesprächen beteiligten. Sie sollten nur dafür sorgen, dass es den Männern gutgeht. Und hier ist Jesus mal wieder total gegen den Mainstream. Er findet es toll, dass Maria in der Runde sitzt. Er sagt sogar, sie hat kapiert, worauf es ankommt. ✓✓

Marie
Stark! 👍😂 ✓✓

Gott
Meine geliebten Kinder! Ihr seid eingeladen, euch von mir beschenken und lieben zu lassen. Bei mir Kraft für den Alltag zu tanken. Mir ist wichtiger, was ihr durch Hören, Glauben, Nachdenken und Beten empfangen könnt – als das, was ihr tut und leistet. ✓✓

⚙ Hier endet der Chat ⚙

Der unglaubliche Gewinn
Einstein schreibt …

Einstein
Ich muss euch was erzählen. Ich habe bei einem Gewinnspiel mitgemacht. Und den Hauptgewinn gewonnen! Yeah! 😂 😂 😂

Leon
Obergenial! 👍

Ben
Ein Auto? Oder jede Menge Kohle?

Marie
Oder eine Urlaubsreise? Sag schon!

Einstein
Ben liegt richtig. Geld. Jede Menge! 😄 Die Bank überweist mir jeden Morgen 86.400 Euro auf ein neues Konto.

Lisa
WAAAS!? Das ist ja total verrückt!! Jeden Tag??

Ben
Alter Verwalter, da wirst du ja verrückt!! Einstein, dann bist du ja jetzt richtig reich!

Marie
Da kannst du uns ja jetzt jeden Tag auf ein Eis einladen oder mit uns fett in den Urlaub fliegen … 😄 😄

Einstein
Ja, echt Hammer! Es gibt da aber zwei Regeln. Die erste Regel lautet: Alles, was ich im Laufe des Tages nicht ausgegeben habe, verfällt um Mitternacht. Ich kann das Geld nicht auf ein anderes Konto überweisen, nur ausgeben. Aber genau um Mitternacht überweist mir die Bank wieder 86.400 Euro auf das Konto.

Leon
Zu krass. Das gibt's doch nicht!

Einstein
Zweite Regel: Die Bank kann das Spiel ohne Vorwarnung beenden; zu jeder Zeit kann sie sagen: Es ist vorbei. Das Spiel ist aus.

Ben
Boah! Ich würde mir damit alles kaufen, was ich mir immer gewünscht habe.

Lisa
Ja. Den ganzen Tag shoppen! Ein Traum!

Ben
Und für alle Freunde und die Familie gleich mit.

Leon
Ich würde um die Welt reisen und alles anschauen, was mich interessiert.

Marie
Und alles, was dann am Abend noch übrig ist, würde ich armen Leuten spenden.

Einstein
Wisst ihr, was das alles noch toppt:
Ihr habt den Preis auch gewonnen!!! 😄

Ben
??? ✓✓

Lisa
Hä, wie das? ✓✓

Einstein
Okay, ich löse auf: Jeden Tag bekommen wir
von Gott 86.400 Sekunden Leben für den Tag
geschenkt. Die Zeit, die wir nicht genutzt haben,
wird nicht gutgeschrieben. Was wir an diesem
Tag nicht getan, gesagt, gelebt haben, ist vorbei.
Jeden Morgen beginnt ein neuer Tag. Neue Zeit,
eine neue Chance. Gott schenkt uns weitere
86.400 Sekunden. Solange, bis das Leben zu
Ende ist. Und das kann jederzeit sein. ✓✓

Leon
Einstein, du Fuchs! Jetzt hast du uns aber alle
ganz schön aufs Glatteis geführt! 😋 ✓✓

Ben
Ja, im ersten Moment war ich echt enttäuscht. Aber wenn ich
so drüber nachdenke … Eigentlich sind 86.400 Sekunden für
jeden Tag richtig viel Zeit. Wertvolle Zeit. Und eigentlich mehr
wert als die Kohle. ✓✓

Marie
Finde ich auch. Und es ist krass, was man alles machen kann mit dieser Zeit! Oder halt nicht macht …

Lisa
Ja, oft verplempere ich meine Zeit sinnlos. Oder denke: Ach, das könnte ich auch noch morgen machen.

Marie
Oder ich nutze die Zeit nicht, um jetzt etwas Gutes zu tun: der Freundin etwas Liebes zu schreiben, meinen Eltern ein Danke zu sagen oder jemandem zu helfen.

Leon
Einstein, ich hab gerade eben einen großen Zettel mit der Zahl 86.400 in meinem Zimmer aufgehängt. Damit ich immer wieder daran erinnert werde und mich frage: Wie nutze ich die Zeit, die Gott mir heute schenkt? Was kann ich in der Zeit Gutes tun?

Einstein
👍

⚙ Hier endet der Chat ⚙

Ein Gleichnis über die Vergebung
Marie schreibt ...

Marie
Ich habe heute mal wieder das Vaterunser gebetet. Bei der Stelle „Vergib uns unsere Schuld, wie auch wir vergeben unseren Schuldigern" bin ich gestolpert. Puh, das ist gar nicht so einfach. Oder was denkt ihr?

Leon
Ja, anderen vergeben, das ist oft ganz schön schwer.

Ben
Sehe ich auch so.

Preacherman
Lust auf ein Gleichnis dazu von Jesus?

Marie
Na, sicher. Immer! 😄

Preacherman
Lest mal Matthäus 18,21–35. Hier:

Lust, zusammen eine moderne Version davon zu schreiben?

Ben
Ja, klar doch! ✓✓

Marie
Ich fang mal an: Ein reicher Chef einer großen Firma hatte über 500 Angestellte. Einer davon ist Marco. ✓✓

Lisa
Marco wollte sich ein Haus bauen und mit seiner Familie dort einziehen, hatte aber nicht genug Geld dafür. ✓✓

Preacherman
Deswegen ging er zu seinem Chef und fragte vorsichtig, ob der ihm 200.000 Euro leihen könnte. Er versprach, er würde es zu hundert Prozent in den nächsten fünf Jahren zurückzahlen. Der Chef war ein guter Mensch und vertraute Marco. Er lieh ihm das Geld von seinem eigenen Konto. ✓✓

Ben
Nach fünf Jahren hatte Marco noch keinen Cent davon zurückgezahlt. Der Chef holte ihn in sein Büro. Marco hatte große Angst, bekam kein Wort heraus. ✓✓

Lisa
Der Chef sagte, Marco und seine Familie müssten aus dem selbst gebauten Haus wieder ausziehen und dem Chef das Haus überlassen. Der würde es dann weiterverkaufen. Auch wenn er damit nicht die komplette Summe zurückbekommen würde, die er Marco geliehen hatte. ✓✓

Marie
Marco brach in Tränen aus. „Wo sollen meine Familie und ich dann wohnen? Ich habe kleine Kinder. Das wäre unser Ende. Oh nein. Bitte, ich brauche noch eine Chance." ✓✓

Ben
Der Chef sah seinen Angestellten in Tränen aufgelöst vor sich stehen und hatte Mitleid: „Okay, ich erlasse dir alle Schulden, und ihr könnt in eurem Haus bleiben", sagte er und klopfte Marco auf die Schulter. ✓✓

Leon
Marco konnte sein Glück kaum fassen. Jubelnd rannte er nach Hause und erzählte es seiner Frau. ✓✓

Preacherman
Am nächsten Morgen blickte Marco aus dem Fenster, und ihm fiel ein, dass sein Nachbar ihm ja noch 500 Euro schuldete. Die hatte er ihm vor drei Monaten geliehen und noch nicht zurückbekommen. Wütend ging er zu ihm und schrie ihn an, er solle sofort das Geld zurückgeben. Doch der Nachbar konnte es nicht. ✓✓

Marie
Marco beschimpfte den Nachbarn und nahm die zwei Fahrräder von dessen Kindern mit. „Die gehören jetzt mir! Als Entschädigung für das Geld."

Leon
Der Nachbar war erschrocken, wo Marco doch gerade erst den Wert eines ganzen Hauses von dessen Chef erlassen bekommen hatte! Der Nachbar erzählte es Marcos Chef.

Ben
Der Chef war tief enttäuscht von Marco und befahl ihm, noch in dieser Woche aus dem Haus auszuziehen.

Einstein
Krasse Story, Leute, echt! Der Chef steht für Gott. Er hat durch seinen Sohn Jesus Christus alle unsere Schuld am Kreuz abbezahlt. Gott vergibt. Alles! Selbst wenn die Schuld riesengroß ist – wie die Geldsumme in unserer Geschichte.

Preacherman
Doch nun sollen auch wir vergeben, wenn Menschen an uns schuldig geworden sind. Doch das ist oft schwer. Aber wenn Gottes Vergebung so bedingungslos und grenzenlos ist, wie können wir da unsere Vergebung an Bedingungen knüpfen? Oder sie von Umständen abhängig machen?

Einstein
Von Herzen verzeihen, auch dann, wenn es mir extrem schwerfällt. Gar nicht so leicht! Die Höchstform der Liebe ist die Vergebung. Die Vergebung ist der Beweis für echte Liebe. ✓✓

Einstein
„Wer seinen Nächsten verurteilt, der kann irren. Wer ihm verzeiht, der irrt nie." (Karl Heinrich Waggerl, österreichischer Schriftsteller) ✓✓

⚙ Hier endet der Chat ⚙

Enjoy your life!
Preacherman schreibt ...

Preacherman
Hey, Freunde, ich möchte euch von einem Mann erzählen.
Er ist schon älter. Vielleicht so um die 70. Und ein richtig
schlauer Kopf. Er hat sich Gedanken über das Leben
gemacht. Faszinierende Gedanken, wie ich finde.

Lisa
Erzähl! Wir sind gespannt.

Preacherman
Zunächst hat er festgestellt: Alles hat seine Zeit: Geboren
werden und sterben. Töten und heilen. Aufbauen und
niederreißen. Lachen und Weinen. Klagen und tanzen.
Sex und Enthaltsamkeit. Umarmen und loslassen. Suchen
und finden. Aufbewahren und wegwerfen. Reden und
schweigen. Lieben und hassen. Krieg und Frieden.

Ben
Das sind ja alles richtige Gegensätze.

Einstein
Ja, das Leben besteht aus Gegensätzen. Niemand
erlebt nur schöne, tolle Zeiten. Und niemand nur
traurige, unangenehme Zeiten.

Preacherman
Der ältere Herr erzählt weiter, dass es schwer ist,
das Leben zu verstehen. Man kann viel Zeit damit
verbringen, darüber nachzudenken, warum dieses
oder jenes so und nicht anders passiert ist. Aber richtig
verstehen kann man es nicht.

Einstein
Ja. Warum darf ich gerade vor Glück tanzen, während mein Nachbar todunglücklich ist?

Lisa
Und warum stirbt meine Klassenkameradin früh durch eine schwere Krankheit, ein anderer aber ist kerngesund und wird steinalt?

Preacherman
Der alte Mann erzählt, dass er wegen dieser Frage fast verrückt geworden ist. Deshalb kam er zu dem Fazit: Weil es keine Antwort darauf gibt, soll man die Jahre, die man lebt, glücklich sein, so lange es geht, und vor allem: das Leben genießen. Denn das Leben ist ein Geschenk von Gott.

Leon
Ein spannender Gedanke. Und gar nicht so einfach! Wir neigen ja eher dazu, uns über das zu ärgern, was blöd gelaufen ist.

Einstein
Ja, der Blick auf das Negative fällt uns oft leichter. Wie schlau, dass der Mann erkannt hat, dass uns das nicht weiterbringt. Wir sollten vielmehr den Blick auf das Schöne richten, die schönen Momente dick feiern und genießen. Gerade an Tagen, die nicht so doll sind. Denn es gibt immer etwas Schönes zu entdecken.

Marie
Manche Christen machen eher den Eindruck, dass man nie Spaß haben darf. Alles muss langweilig und ernst sein. Das Leben einfach mal genießen, das darf nicht sein.

Einstein
Dabei will Gott doch genau das: dass wir unser Leben genießen, Spaß haben, zusammen feiern. Wir sollten das öfter tun: in unseren Familien und mit den Freunden, in der Jugendgruppe und in den Gottesdiensten. ✓✓

Ben
Ja, lasst uns mehr Partys feiern! Das klingt super! 😄 ✓✓

Preacherman
Ich sehe, ihr findet die Gedanken des alten Mannes ganz gut, oder!? ✓✓

Marie
Ja, voll! 👍 ✓✓

Preacherman
Ich verrate euch, wer der Mann ist: König Salomo hat sich diese schlauen Gedanken gemacht. Den Text findet ihr in der Bibel in Prediger 3,1–15. ✓✓

Preacherman

✓✓

Lisa
Ach, ja. Cool! ✓✓

Einstein
Also, Leute: Genießt das, was zum Leben gehört, in vollen Zügen: ein gutes Essen, ein leckeres Getränk … dass ihr zur Schule gehen könnt … und alles, was ihr bisher in eurem Leben geschafft habt. ✓✓

Leon
Ich werde Gott heute mal ganz ausdrücklich für all das Gute danken, was er mir jeden Tag schenkt. ✓✓

Ben
Und ich überlege mir mal, welche Dinge ich noch intensiver als bisher genießen könnte. ✓✓

 Hier endet der Chat

Ein Danke für ...
Preacherman schreibt ...

Preacherman
Wie ihr wisst, ist das Thema „Danken" eines meiner Lieblingsthemen. Heute habe ich wieder einen tollen Vers aus der Bibel dazu gelesen. ✓✓

Leon
Schieß los! 😄 ✓✓

Preacherman
„Jedes Mal, wenn ich an euch denke, danke ich meinem Gott." (aus Philipper 1,3) Das schreibt Paulus am Anfang seines Briefes an die Leute in Philippi. ✓✓

Marie
Wenn ich mir vorstelle, dass jemand an mich denkt und Gott für mich dankt ... Wow, stark!! 😄 ✓✓

Einstein
Die Menschen, mit denen wir täglich zu tun haben, machen uns zu dem, was wir sind. Das heißt: Wir schauen uns Dinge von ihnen ab. Wir übernehmen ihre Meinungen. Oder wir sind anderer Meinung als sie, weil wir ihr Verhalten oder ihr Reden nicht gut finden. ✓✓

Ben
Lass mich raten: Die Menschen, die mich am meisten beeinflussen, sind meine Eltern, Geschwister und Freunde. ✓✓

Einstein
Genau. Und auch Verwandte, deine Lehrer ... ✓✓

Lisa
Und für all diese Menschen könnten wir Gott ein Danke sagen, richtig!?

Preacherman
Ja. Ich danke Gott für die Menschen, die er mir zur Seite gestellt hat. Für die, die mich lieben. Für die, die mich begleitet und gefördert haben. Und auch für die, die mir Dinge beigebracht oder mir geholfen haben.

Preacherman
Ich wäre nie der Mensch, der ich jetzt bin, wenn mich nicht ganz viele tolle Menschen geprägt hätten, wenn ich sie nicht zum Vorbild gehabt hätte. 😄

Leon
Und ich finde es auch schön, den Leuten direkt Danke zu sagen. Darüber freuen sie sich bestimmt.

Einstein
Ja, coole Idee, Leon! Ich denke auch, dass es die Menschen berührt, ein Dankeschön zu bekommen – weil du ihnen dankbar bist: die Eltern, Geschwister, Freunde, Nachbarn, Mitschüler, Lehrer ... Vielleicht auch Leute aus der Gemeinde, die dich im Glauben geprägt haben. Es gibt viele Menschen, denen wir danken können!

Lisa
Ich bin dabei! Und überlege gerade: Wem sage ich heute noch Danke?

 Hier endet der Chat

Ich sehe dich
Ben schreibt …

Ben
Hi, habt ihr auch von dem schlimmen
Brand in der Ortsmitte gehört? ✓✓

Leon
Ja, das ganze Haus soll heute
Nacht ausgebrannt sein. ✓✓

Lisa
Puh, schlimm. Die armen Leute! 😞 ✓✓

Marie
Ich habe heute Morgen noch den
Rauch über den Dächern gesehen ... ✓✓

Preacherman
Der Brand passierte nur ein paar Häuser von meiner
Wohnung entfernt. Zum Glück geht es allen gut! ✓✓

Preacherman
Ich habe heute Morgen mit der Familie
gesprochen. Und was sie erzählt haben,
hat mich sehr berührt. ✓✓

Lisa
Darfst du uns das erzählen? ✓✓

Preacherman
Ja, darf ich. Die Familie hatte den Brand zum Glück bemerkt und ist sofort aus dem Haus gerannt. Entsetzt mussten sie mit anschauen, wie die Flammen aus dem Dach schlugen. Plötzlich bemerkten sie, dass der Jüngste fehlte. Der Fünfjährige hatte sich im Augenblick der Flucht vor dem Rauch und den Flammen gefürchtet und sich versteckt. Es gab keine Möglichkeit, zurück in das brennende Haus zu gelangen.

Marie
Wie furchtbar!!! Oh nein!

Preacherman
Da öffnete sich im Erdgeschoss ein Fenster. Der Junge schrie verzweifelt um Hilfe. Sein Vater rief ihm zu: „Spring, mein Sohn, spring!" Der Junge sah nur Rauch und Flammen. Er hörte aber die Stimme des Vaters und brüllte: „Papa, ich sehe dich nicht!"

Preacherman
Der Vater rief: „Aber ich sehe dich, und das reicht schon. Spring!" Da sprang der Junge und sein Vater fing ihn sicher auf.

Einstein
Puh. Gott sei Dank!

Marie
Wie gut, dass er gesprungen ist!

Preacherman
Der Familie geht es gesundheitlich gut. Sie müssen nur den Schock noch etwas verdauen, aber ganz viele liebe Nachbarn haben ihnen Hilfe angeboten.

Lisa
Sehr gut!

Preacherman
Dieses Erlebnis hat für mich ganz viel mit uns und mit Gott zu tun.

Ben
Wie meinst du das?

Preacherman
Der Junge konnte seinen Vater nicht sehen. Aber er hatte tiefes Vertrauen, dass sein Papa ihn auffängt. Wir können Gott auch nicht sehen. Wir können ihm nur vertrauen, dass er uns liebt.

Preacherman
Und wenn es bei uns um den Tod geht, dann können wir nur darauf vertrauen, dass es danach bei Gott weitergeht, wir in seine Arme springen. Wie es ausgeht, können wir nicht wissen. Nur vertrauen, dass es so kommt!

Ben
Ich verstehe. Das ist ein starker Vergleich.

Marie
Mich erinnert das an den Film Avatar. Da sagen die Hauptdarsteller in ihrer Welt nicht etwa: „Ich liebe dich!", sondern: „Ich sehe dich!"

Leon
Ja, starkes Beispiel, Marie!

Gott
Meine geliebten Kinder, ich sehe jeden Einzelnen von euch! Ich sehe auch dich, in deiner Ganzheit. Und es ist mein größter Wunsch, dass du in meine Arme springst, dass du mir vertraust und ich an deinem Leben teilhaben darf. Ich möchte mit dir durch's Leben gehen! Darf ich?

 Hier endet der Chat

Beten – aber wie?
Marie schreibt …

Marie
Moin, moin! 😄 Ich habe mal eine Frage in die Runde. Ich tue mich momentan etwas schwer mit dem Beten. Wie betet ihr denn so? Vielleicht bekomme ich dadurch ja neue Inspiration! 😂

Leon
Gute Frage, Marie! Interessiert mich auch sehr. Ich bete oft am Morgen und Abend. Am Morgen bete ich für den Tag. Für alles, was ansteht. Am Abend spreche ich mit Gott über das, was am Tag so passiert ist, und darüber, was mich sonst noch beschäftigt.

Ben
Ich bete meistens nicht so lange. Eher kurze Stoßgebete zwischendurch. Und wenn mich gerade etwas beschäftigt, bete ich in Gedanken zu Gott, dass er mir hilft.

Marie
Auf die Länge kommt es ja auch nicht an! 😋

Ben
Genau!

Preacherman
Ich bete gerne mit zwei bis drei Leuten zusammen in einer kleinen Runde.

Lisa
Manchmal schreibe ich Gott einfach einen Brief. ✓✓

Einstein
Bei mir ist das ganz unterschiedlich. In manchen Zeiten bete ich gern vorformulierte Gebete wie das Vaterunser und denke dabei über die einzelnen Sätze nach. Manchmal bete ich auch einen Psalm aus der Bibel laut; die Psalmen sind ja eine Sammlung von ganz alten Gebeten und Liedern. Am liebsten übrigens bete ich Psalm 23 und Psalm 91. ✓✓

Einstein
Es gibt aber auch Zeiten, da bete ich lieber frei. Ich sage Gott einfach alles frei heraus, was ich gerade auf dem Herzen habe. Zuerst danke ich ihm für alles Gute. Dann sage ich ihm, was mir Angst macht, wo ich gerade zu kämpfen habe und bitte ihn um Hilfe. Oft bete ich auch für andere Menschen, für meine Familie und meine Freunde. ✓✓

Lisa
Und ich bin beim Beten supergern draußen in der Natur, gehe dabei spazieren oder joggen. Dann bete ich laut vor mich hin. Das hilft mir sehr, und ich fühle mich freier als in meinem Zimmer. Manchmal denke ich auch einfach beim Laufen still über Gott und mein Leben nach. ✓✓

Marie
Cool, Lisa. Das klingt spannend. Das will ich auf jeden Fall auch mal ausprobieren! ✓✓

Leon

Ach, mir fällt noch was ein: Ich höre auch gerne Lieder, die Gott anbeten. Ich suche mir meistens bei YouTube Lobpreis- und Anbetungsmusik raus, zum Beispiel von „Könige & Priester", „Hillsong" oder „Jesus Culture". Und dann singe und bete ich lautstark mit. 😄 ✓✓

Preacherman

Wow, ich bin begeistert. So viele verschiedene Arten zu beten! Und das Schöne ist, dass es dabei kein Falsch und kein Richtig gibt. Jeder kann so beten, wie er mag. Gott freut sich über jedes Wort, das ihr mit ihm sprecht. Ganz egal, auf welche Art und Weise. ✓✓

Gott

Ganz genau! Mein geliebtes Kind, sprich mit mir, dann will ich dir antworten und will dir gewaltige und unglaubliche Dinge zeigen, von denen du noch nie gehört hast! (Jeremia 33,3) ✓✓

Marie

Wow! Danke euch! 👍 Ich werde gleich anfangen, einige Ideen auszuprobieren! 😄 ✓✓

⚙ Hier endet der Chat ⚙

Einen anderen geküsst 😣
Marie schreibt …

Marie
In meiner Klasse gab es heute 'ne heftige Diskussion. Natalie hat mit einem anderen Jungen auf dem Schulhof rumgeknutscht, obwohl sie einen Freund hat!! Einige fanden das ganz schlimm. Andere meinten, das macht heute doch jeder. Treu sein wäre total uncool. Was meint ihr? ✓✓

Ben
Das Fremd-Küssen hat sich bis zu uns in die Klasse rumgesprochen … Ich finde das aber total traurig und schlimm. 😣 Wäre ich ihr Freund, ich wäre sooo enttäuscht und sauer! ✓✓

Lisa
Ich auch. Ich finde, Treue ist die Voraussetzung, wenn ich mit jemandem zusammen bin. ✓✓

Einstein
Für mich auch, Lisa. Leider gibt es viele Leute, die das anders sehen. Letztens habe ich sogar Plakat-Werbung für eine „Treulosen-Party" gesehen. Da wird ernsthaft dazu eingeladen, auf eine Party zu kommen, um fremdzugehen! ✓✓

Preacherman
Aber mal die Frage: Was bedeutet denn für euch Treue? ✓✓

Marie
Treue gibt Sicherheit. ✓✓

Leon
Ja, weil man sich füreinander entscheidet, und so bin ich mir sicher, dass es nur die andere Person und mich in der Beziehung gibt.

Ben
Treue bedeutet, dass der Partner zu mir steht, egal, was passiert.

Lisa
Treue bedeutet für mich: Der andere bekommt meine Liebe, auch wenn er sie nicht verdient, auch wenn es gegen mein Gefühl ist. Selbst wenn es mir schwerfällt.

Einstein
Menschen, die mir treu waren, haben mich am meisten geprägt und gleichzeitig auch am meisten beeindruckt. Viele finden mich ja ganz schön crazy, wie ihr wisst. 😊 Aber die, die mich trotz meiner Verrücktheit nicht fallen ließen, die auch in schwierigen Zeiten ein offenes Ohr für mich hatten, die treu waren – die Leute waren echte Vorbilder für mich.

Marie
Puh, ich bin echt beruhigt, dass ihr Treue nicht langweilig und blöd findet!

Einstein
Tief im Herzen wünscht sich jeder Treue. In Umfragen zum Thema „Meine Wünsche für meine Beziehung" ist dies sogar einer der meistgenannten Punkte! Trotzdem schaffen es Menschen leider nicht immer, treu zu sein. Ganz im Gegenteil zu Gott!

Gott
Richtig! Danke für die Vorlage ...

Gott
Meine geliebten Kinder: Ich bleibe treu, auch wenn ihr untreu seid; denn ich kann mir selbst nicht untreu werden. (nach 2. Timotheus 2,13)

Marie
Das ist so gut, Gott! Danke für deine Treue zu mir! Denn ich baue oft genug Mist. Danke, dass du dann trotzdem noch zu mir stehst! ❤️

Preacherman
Gott ist zu hundert Prozent treu. Seine Treue schenkt uns Geborgenheit und Freiheit. Sie macht uns Mut, selbst treu zu sein und anderen die Erfahrung der Treue zu schenken. Gott hält uns, selbst wenn wir fallen. Gott ist treu. Daran ist nicht zu rütteln!

⚙️ Hier endet der Chat ⚙️

Was 'ne Überraschung!
Ben schreibt …

Ben
Hi Leute! Ich habe heute eine Postkarte bekommen. Einfach so, ohne Anlass. Mit lieben Worten und einer Ermutigung. Ich weiß nicht, von wem, steht kein Name dabei. Jemand von euch vielleicht? 😂 Aber ich habe mich auf jeden Fall meeega darüber gefreut. Das war echt das Highlight der Woche!! Was 'ne Überraschung! ❤️ 😂

Lisa
Stark! 👍👍

Leon
Ja. Sollten wir alle mal öfter machen! 😂

Marie
Was meinst du genau, Leon?

Leon
Na ja, ich finde, wir beschäftigen uns oft so sehr mit unserem Alltagskram. Da mal etwas Abwechslung reinbringen wäre doch saucool! Einfach mal eine schöne Karte schreiben … auch wenn der andere keinen Geburtstag hat und nicht grad Weihnachten vor der Tür steht.

Marie
Das stimmt, Leon! Ich bin dabei! 👍

Lisa
Ich auch. 😄 Ich überlege grad, was es noch für schöne Überraschungen gibt … ✓✓

Leon
Zum Beispiel ein kleines Geschenk besorgen und jemanden damit überraschen, weil man ihn oder sie lieb hat. Eltern, Freunde, Geschwister … ✓✓

Ben
Jemanden ohne Ankündigung besuchen und Kuchen und Getränke mitbringen. Vor allem ältere Menschen freuen sich unglaublich darüber. Die sind ja oft viel allein. ✓✓

Lisa
Ja, gute Idee, Ben! Das liebt meine Oma so sehr! ✓✓

Marie
Oder jemandem heimlich Schoki oder Gummibärchen in die Tasche schmuggeln … ✓✓

Lisa
Eine Person auf der Straße anlächeln, sie freundlich grüßen und vielleicht sogar noch in Gedanken für sie beten. ✓✓

Ben
Oder jemandem eine Message schreiben: „Hey, toll, dass es dich gibt." Oder: „Ich denke an dich." Oder: „Hab einen schönen Tag." ✓✓

Leon
Einem Mitschüler bzw. einer Mitschülerin einen Zettel zustecken, auf dem steht, was man selbst cool an ihm bzw. ihr findet. ✓✓

Ben
Für den Bruder oder die Schwester die Aufgabe im Haushalt übernehmen. Einfach mal so. ✓✓

Marie
Guten Freunden ein Foto von mir schicken, was schon älter ist. Und mich dann über die Freundschaft mit ihnen freuen … ✓✓

Lisa
Bei einer Freundin einen Post-it an den Spiegel hängen mit der Botschaft: „Hey, du siehst toll aus!" ✓✓

Marie
Großartige Ideen!   ✓✓

Ben
Also dann: Auf die Plätze, fertig … los! ✓✓

⚙ Hier endet der Chat ⚙

Wahre Schönheit
Marie schreibt …

Marie
In meiner Klasse wird gerade darüber diskutiert, was Mädels schön macht, was bei Jungs ankommt: Die mit den längsten Beinen oder die mit den größten Brüsten? Die mit dem meisten Make-up oder die mit den schönsten Augen, dem knackigsten Po oder dem verführerischsten Lächeln? ✓✓

Lisa
Tja, gute Fragen. Eure Meinung dazu, Jungs? 😊 ✓✓

Ben
Ähm. Ich glaube, jeder Junge hat andere Kriterien, wonach er genau schaut. Aber hier wird ja nur über das Aussehen geurteilt … ✓✓

Preacherman
Klar will jedes Mädchen gut aussehen. Aber das hier sind ja wirklich nur Äußerlichkeiten. ✓✓

Leon
Natürlich schauen wir Jungs bei Mädels auch auf das Aussehen. Es ist schon toll, wenn ein Mädchen sich hübsch anzieht und so. Aber das ist nicht das Wichtigste. ✓✓

Ben
Genau. Schönheit ohne was im Hirn ist ja schon mal gar nix, hihi … Und der Charakter ist immer noch am wichtigsten! Wirklich! ✓✓

Einstein
Ganz genau. Das Aussehen wird vielleicht am häufigsten kommentiert. Wahre Schönheit aber zeigt der Charakter einer Person!

Marie
Spannend, Jungs. Echt!

Preacherman
Nicht die schönsten Augen zeigen wahre Schönheit, sondern Augen, die dich mit Liebe betrachten.

Einstein
Nicht die heißesten Lippen zeigen wahre Schönheit, sondern Lippen, die dir in Liebe einen Kuss geben.

Ben
Nicht die längsten Beine zeigen wahre Schönheit, sondern Beine, die trotz Ärger einen Schritt auf dich zugehen.

Leon
Nicht der schönste Mund zeigt wahre Schönheit, sondern ein Mund, der ermutigende, liebe und stärkende Worte spricht.

Einstein
Nicht die größten Brüste zeigen wahre Schönheit, sondern die Brüste, die ein Baby voller Liebe mit Milch versorgen. Ich als vielfacher Papa darf das sagen, Leute! 😊

Ben
Nicht die schönsten Hände zeigen wahre Schönheit, sondern Hände, die dir helfen, die dich sanft streicheln. ✓✓

Leon
Nicht die schönsten Arme zeigen wahre Schönheit, sondern Arme, die dich umfassen, dich halten und trösten. ✓✓

Preacherman
Nicht die billige Kopie eines Topmodels zeigt wahre Schönheit. Sondern: Jedes Mädchen, das beschließt, ganz sie selbst zu sein, zeigt wahre Schönheit. ✓✓

Lisa
Ich bin platt. Wow! Danke. Und für euch Jungs gilt das übrigens genauso! 😄 ✓✓

Preacherman
Na klar! 👍 Und wenn das nächste Mal über das Aussehen von jemandem gesprochen wird: Nicht vergessen, was wahre Schönheit ist! 😄 ✓✓

 Hier endet der Chat

Wie kann ich Gott begegnen?
Lisa schreibt …

Lisa
Ich beschäftige mich derzeit viel mit den Fragen: Wie kann ich Gott begegnen? Wie kann ich seine Stimme hören? Ich bete viel. Aber oft finde ich das eher anstrengend und erlebe Gott dabei wenig. Habt ihr ein paar Tipps?

Preacherman
Ich finde es super, Lisa, dass du Gott begegnen willst! Es gibt ganz verschiedene Wege, ihn zu entdecken, zu treffen – eben, weil wir Menschen so verschieden sind. Wollen wir mal sammeln, was ihr an Ideen habt? 😄

Leon
Ich erlebe Gott, wenn ich auf Events bin. Bei Konzerten mit anderen abfeiere, singe, tanze. Da spüre ich Gott tief im Herzen. Oder bei Abenden mit Anbetungsmusik.

Marie
Ich bin eher das Gegenteil. 😄 Ich fühle mich Gott nahe, wenn ich draußen in der Natur bin. Wenn ich beim Spaziergang bete, wenn ich die Natur beobachte, unterm Sternenhimmel schlafe. Wenn es ruhig und still um mich herum ist.

Einstein
Ich lese supergerne in der Bibel. Dort steht so viel von Gott drin: wie er ist und was Menschen mit ihm erlebt haben. Durch die Bibel spricht Gott ganz oft zu mir. Gerne lese ich auch mit anderen zusammen darin, und tausche mich mit ihnen aus, was Gott ihnen sagt.

Preacherman
Ich begegne Gott oft, wenn ich mich mit Medien beschäftige. Also zum Beispiel, wenn ich ein Buch lese, in dem es um Gott geht. Oder einen Film schaue oder Musik höre, die sich um das Thema „Glauben" drehen. Da hat Gott schon sehr oft tief in mein Herz gesprochen. ✓✓

Ben
Ich erlebe Gott, wenn ich anderen helfe und Gutes tue oder für andere da bin. Wenn ich mit den Flüchtlingen Deutsch lerne und Theater spiele, beispielsweise. Oder wenn ich als Mitarbeiter in der Pfadfinder-Gruppe den Kindern neue Dinge beibringe. ✓✓

Lisa
Krass, wie verschieden die Begegnung mit Gott sein kann! Merci für eure guten Ideen! 👍 Ich werde einfach mal ausprobieren und schauen, was mir liegt, um mit Gott in Kontakt zu kommen. ✓✓

⚙ Hier endet der Chat ⚙

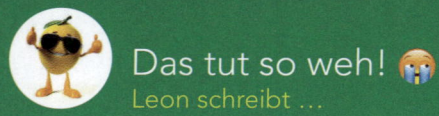

Das tut so weh! 😭
Leon schreibt …

Leon
Wie ihr ja wisst, ist vor einem Monat mein Opa gestorben. Wenn ich an ihn denke, bin ich immer noch so traurig. 😭 Oder manchmal bin ich auch wütend, dass er nicht mehr da ist. Was ist nur los mit mir? ✓✓

Einstein
Leon, du trauerst um deinen Opa. Das ist ganz normal. Trauer ist sogar sehr gut, denn so verarbeitest du eine Sache, die richtig wehtut. Natürlich ist Trauer nie schön, aber unsere Seele braucht sie, um mit dem Verlust klarzukommen. ✓✓

Preacherman
Trauer verläuft übrigens in unterschiedlichen Phasen ab. ✓✓

Leon
??? ✓✓

Preacherman
Zuerst willst du den Verlust nicht wahrhaben. Du kannst nicht glauben, was passiert ist. ✓✓

Einstein
Dann kommen mit der Zeit Wut, Ärger oder andere starke Emotionen in dir hoch. Das muss dann einfach raus. ✓✓

Preacherman

Irgendwann kommt die Phase, wo du oft richtig müde und depri bist. Viele wollen in dieser Phase nur alleine sein, weinen.

Einstein

Mit der Zeit wird dir dann klar, dass du den Verlust nicht mehr rückgängig machen kannst. Du willst nicht vergessen und versuchst, einen Weg zwischen Trauer und Alltag zu gehen.

Preacherman

Dann, ganz langsam, kannst du den Verlust immer besser verarbeiten und damit leben. Es tut immer noch weh, aber dein Leben ohne die geliebte Person geht wieder seinen gewohnten Gang. Du vermisst sie immer noch sehr, aber kannst den Verlust jetzt annehmen und akzeptieren.

Einstein

Die einzelnen Phasen können kurz oder lang sein, und sie müssen auch nicht in dieser Reihenfolge kommen ...

Leon

Huiii. Ganz schön viel ... Aber das ist gut zu wissen. Ich denke, ich bin irgendwo zwischen Wut und down sein.

Ben

Was hilft denn in so einer Trauer, den Kummer zu überwinden?

Einstein
Zwei Dinge: Erstens: Reden! Sprich mit deinen engsten Freunden über deine Trauer, deine Gefühle. Zweitens: Tu dir selbst Gutes: etwas, was dir Freude bereitet und hilft, dich abzulenken.

Marie
Inwiefern kann denn der Glaube dabei helfen?

Preacherman
Du kannst Gott jederzeit alles sagen, was du gerade fühlst. Wie schlimm der Verlust ist. Du darfst auch bei ihm Dampf ablassen, sagen, was du ungerecht und gemein findest. Und ihn bitten, dir durch deine Trauer hindurchzuhelfen.

Marie
Ja, verstehe, Gott nimmt die Trauer nicht einfach von heute auf morgen weg.

Einstein
Genau. Aber er hilft dir, wieder zurück ins Leben zu finden. Wichtig ist nur, die Trauer nicht zu verdrängen.

Ben
Was meinst du damit?

Einstein
Na ja, gerade wir Männer sind gut darin, den Helden zu spielen, und so zu tun, als wäre alles okay. Aber die Trauer zu verdrängen, macht uns körperlich oder seelisch krank, weil die Seele den Verlust dann nicht verarbeitet hat.

Marie
Wie kann ich denn Freunden helfen, die gerade trauern? ✓✓

Preacherman
Sei vor allem für sie da. Selten erwartet der Trauernde schlaue Ratschläge oder so. Was er braucht, ist jemand, der einfach da ist und mit ihm schweigt, oder der zuhört und dem man seine Gefühle erzählen kann. Mach der Person auch mal eine Freude, z. B. ihr Lieblingsessen kochen. ✓✓

Ben
Leon, wollen wir heute ´ne Runde Playstation zocken? ✓✓

Leon
Oh ja, sehr gerne! 👍 ✓✓

Leon
Mädels, seid ihr auch dabei? ✓✓

Lisa
Na ja, wenn ihr nicht wieder FIFA spielt. 😊 ✓✓

Leon
Wir finden bei meinen tausend Spielen auch was, das euch gefällt. Hauptsache, wir haben Spaß! ✓✓

Marie
 ✓✓

🔧 Hier endet der Chat 🔧

Revolution!
Preacherman schreibt …

Preacherman
Hallöchen, Leute! Stellt euch mal vor, ihr lebt in einem Land, das von einem Diktator regiert wird. Er unterdrückt sein Volk, dauernd gibt es Anschläge, und wer seine Meinung sagt, wandert in den Knast, wenn sie nicht mit der Meinung des Diktators übereinstimmt. Schlimm, oder!? ✓✓

Leon
Ja, so was höre ich immer wieder in den Nachrichten. 😫 ✓✓

Marie
Ich bin froh, dass wir hier so ein freies Land mit Demokratie haben. ✓✓

Preacherman
Stellt euch mal weiter vor: Ihr wohnt in diesem Land. Ihr werdet unterdrückt und seid unglücklich; täglich habt ihr Angst. Plötzlich kommt ein junger, kluger Mann und spricht davon, dass er die Menschen im Land befreien will. Redet von einem freien, neuen Leben … Er hat schon viele Fans, und seine Anhänger sind überzeugt, dass er die Revolution schaffen wird! Ein echter Winner-Typ. ✓✓

Lisa
Klingt gut! Ich würde ihn wahrscheinlich auch unterstützen. Immerhin ein wenig Hoffnung. ✓✓

Ben
Ja, es kann ja in so einer Situation nur besser werden. ✓✓

Marie
Bleibt halt noch die Angst, dass man gefangen genommen wird. ✓✓

Preacherman
Ganz genau. Da ist viel Hoffnung, aber auch viel Angst. Trotzdem schließt ihr euch dem Mann und seinen Fans an. Denn der Mann überzeugt euch und ihr vertraut ihm. Dann findet eine große Versammlung statt. Der Mann erzählt von seinen Plänen: „Ich werde alleine in die Hauptstadt fahren und mich dort gefangen nehmen lassen. Sie werden mich sogar umbringen. Aber keine Angst, drei Tage später bin ich wieder da." Wie reagiert ihr? ✓✓

Ben
Hä? Seltsamer Plan. Was soll der Quatsch? ✓✓

Marie
Macht doch keinen Sinn, oder? ✓✓

Leon
Und wie soll sich jetzt was ändern? Hat der Typ den Verstand verloren? ✓✓

Preacherman
Er zieht die Sache aber genau so durch. Er geht in die Hauptstadt, wird von der Polizei verhaftet, gefoltert und umgebracht. Die Menschen weinen, sind aber auch verärgert über die gescheiterte Revolution. Sie hatten ja so viel Hoffnung. ✓✓

Marie
Na toll, jetzt ist wieder alles wie vorher. Der „Böse" hat mal wieder gewonnen. ✓✓

Leon
Na ja, bei diesem Plan ...
Das konnte ja nur schiefgehen.

Preacherman
Große Enttäuschung im ganzen Land. Die Fans sind sauer.
Doch dann sitzt ihr mit ein paar Freunden im Wohnzimmer.
Und plötzlich steht da jemand im Raum. Ihr erschreckt euch
fast zu Tode. Ein Gespenst!? Doch dann erkennt ihr den
Mann wieder: Es ist euer Anführer!

Ben
Was geht denn da ab?

Marie
Hä, der sollte doch tot sein?

Preacherman
Der Mann erzählt, dass er drei Tage lang tot war,
nun aber wieder lebt. Er hat das Unmögliche
geschafft: Er hat den Tod überwunden. Und er sagt,
wer ihm vertraut, der wird das auch schaffen.

Leon
Krass. Wenn er DAS kann, dann
bin ich wieder auf seiner Seite.

Marie
Aah, jetzt ist mir klar, wen du meinst!

Preacherman
Danke, dass ihr „mitgespielt" habt! Ihr habt
ja alle rausgefunden, um wen es geht.

Lisa
War ja jetzt nicht sooo schwer. 😊

Ben
Ich konnte jedenfalls die Gefühle der
Leute damals echt gut nachvollziehen,
Preacherman!

Preacherman
😄

Preacherman
Ja, die Fans von Jesus waren megaenttäuscht. Sie dachten,
er befreit sie von den Römern. Spricht dann von Tod und
nach drei Tagen wieder leben ... Da muss man sich ja an
den Kopf fassen. Und dann geschieht doch das Unfassbare:
Jesus besiegt den Tod. Er lebt!

Lisa
Eine Revolution, aber ganz anders als gedacht!

Preacherman
Genau. Die Auferstehung von Jesus hat die komplette
Weltgeschichte verändert. Die zentrale Message von
uns Christen lautet: Jesus ist auferstanden. Er lebt; er
ist der Winner!

Marie

Ja, ich glaube daran, dass es nach dem Tod weitergeht. Dass ich einmal bei der großen Party im Himmel mitfeiern darf. ✓✓

Gott

Meine geliebten Kinder, ihr seid schon jetzt herzlich auf meine himmlische Party eingeladen! ❤️ 😂 Lasst uns gemeinsam durch's Leben gehen. Vertraut mir. Und ihr werdet leben – auch nach dem Tod! ✓✓

⚙ Hier endet der Chat ⚙

Die fünf Sprachen der Liebe
Marie schreibt …

Marie
Ich bin jetzt schon einige Monate mit Phil zusammen. Aber gerade läuft's nicht so gut bei uns. Wir sind beide unzufrieden, wollen uns aber auf keinen Fall trennen. Habt ihr Tipps für uns?

Einstein
Meiner Frau und mir ging es wie euch, Marie. Uns hat dabei ein Buch geholfen, in dem es um die fünf Sprachen der Liebe geht.

Marie
Fünf Sprachen der Liebe? Noch nie was davon gehört.

Einstein
Jeder Mensch spricht eine bestimmte „Liebessprache". Eine davon heißt „Zweisamkeit". Wer diese Sprache spricht, wünscht sich vor allem Zeiten, in denen der Partner/die Partnerin ganz für ihn da ist, mit ungeteilter Aufmerksamkeit. Zweisamkeit pur. Wenn er das erfährt, fühlt er sich geliebt.

Einstein
Eine andere Sprache heißt „Lob und Anerkennung". Wer diese Sprache spricht, der braucht von seinem Partner/ seiner Partnerin ganz viel an Lob, Anerkennung und viele Komplimente. Das ist für ihn der größte Liebesbeweis.

Einstein
Eine dritte Sprache heißt „Geschenke". Wer diese Sprache spricht, für den sind kleine und auch große Geschenke ein sichtbares Zeichen für den Beweis, dass der Partner/die Partnerin ihn liebt. ✓✓

Einstein
Sprache Nummer vier: Zärtlichkeit. Umarmungen, liebevolle Berührungen und Küsse sind die Sprache der Liebe für die, die vor allem viel Zärtlichkeiten brauchen. ✓✓

Einstein
Und last but not least: Hilfsbereitschaft. Jemand, der diese Sprache spricht, sagt: „Wenn du mir hilfst, dann ist das der größte Liebesbeweis für mich." ✓✓

Leon
Sehr interessant! Ich glaub, ich spreche die „Lob-und-Anerkennungs-Sprache". ✓✓

Marie
Coole Sache. Ich bin mir jetzt aber nicht so sicher, was meine Sprache ist. Woher finde ich heraus, welche Sprache ich spreche – und welche mein Freund? ✓✓

Einstein
Das sind sehr spannende Fragen! Überlegt euch doch mal: Was wünsche ich mir von meinem Freund/meiner Freundin am sehnlichsten? Worüber freue ich mich am meisten? Wie würde mein Traumpartner mir zeigen, dass er mich liebt? ✓✓

Preacherman

Ihr könnt übrigens auch auf liebessprache.de einen Test machen, um herauszufinden, welche Sprache ihr sprecht:

✓✓

Marie

Voll guter Tipp, danke! Das werden wir auf jeden Fall machen. ✓✓

Einstein

👍 Und dann kommt die große Herausforderung: Sprich die Liebessprache deines Partners/deiner Partnerin! ✓✓

Lisa

Puh, das ist sicher gar nicht so einfach. ✓✓

Einstein

Nein, das nicht. Es ist wie beim Auto: Wenn der Tank leer ist, fährt es nicht. Und wenn bei euch der Liebestank leer ist, dann gerät eure Beziehung ins Stocken: Ihr seid unglücklich miteinander. Aber wenn ihr lernt, die Sprache des anderen zu sprechen, füllt ihr euren gemeinsamen Liebestank wieder auf. ✓✓

Ben

Also, wenn meine Freundin die Sprache „Zweisamkeit" spricht, dann versuche ich möglichst oft, ganz für sie da zu sein, mal abends nicht fernzusehen, sondern einfach lange mit ihr zu quatschen? ✓✓

Einstein
Perfekt! ✓✓

Lisa
Gilt das mit den Liebessprachen auch für
Leute, die grad keinen Partner haben? ✓✓

Einstein
Na logo! Es ist immer gut, die Sprachen der anderen zu
kennen – und zu „sprechen": die Sprache der Freunde,
Geschwister, der Eltern zum Beispiel. Das stärkt jede
Beziehung – auch außerhalb einer Partnerschaft oder Ehe. ✓✓

Marie
Phil und ich haben heute Abend ein Date. Und
unser Thema wird sein: Welche Sprache der Liebe
sprichst du, Schatz? 😊 ✓✓

🌼 Hier endet der Chat 🌼

Love yourself
Marie schreibt …

Marie
Ich brauch mal eure Hilfe. Eine Freundin schrieb mir eben, dass es ihr richtig dreckig geht. Sie würde sich selber hassen, weil sie nichts auf die Kette bekommen und immer wieder scheitern würde. Wie kann ich ihr bloß helfen? ✓✓

Ben
Hm, ja, es ist manchmal gar nicht einfach, sich selbst gut zu finden. ✓✓

Lisa
Genau, zum Beispiel beim Blick in den Spiegel … Oder wenn man sich mit den anderen Mädels vergleicht, die so viel besser aussehen als man selbst, und die bei den Jungs besser ankommen … ✓✓

Einstein
Jeder hat mit seinen eigenen Problemen zu kämpfen. Oft sind es Probleme, von denen nur wir allein wissen. Und gerade die machen uns oft so fertig, weil sie sich im Grunde darum drehen, dass wir uns selbst nicht leiden können. ✓✓

Leon
Manchmal haben auch andere Erwartungen an mich, die ich gar nicht erfüllen kann. Ich werde nun mal kein Spitzensportler werden oder nur die besten Noten schreiben … ✓✓

Marie
Ja, es gibt tatsächlich so viele Gründe, an sich selbst zu zweifeln und sich zu wünschen, man wäre jemand anderes. 😞 ✔✔

Preacherman
An vielen Stellen der Bibel sagt Gott uns: Liebe deine Mitmenschen wie dich selbst (z. B. in Lukas 10,27). In ganz vielen Gesprächen bislang habe ich festgestellt: Sehr vielen – vor allem jungen Menschen – fällt es leichter, andere zu lieben als sich selbst. ✔✔

Marie
Hm, echt traurig und schade eigentlich. ✔✔

Preacherman
Ja, absolut. Aber Gott sagt nicht umsonst, dass es sooo enorm wichtig ist, dass wir uns selbst lieben. Nur so können wir glücklich sein. ✔✔

Leon
Hm, wie kann man denn üben, sich selbst zu lieben? ✔✔

Preacherman
Erstens: nicht versauern! Wenn ihr merkt, ihr hasst euch gerade selbst, ist es wichtig, dass ihr es jemandem erzählt. So wie Maries Freundin. Das ist der erste Schritt. ✔✔

Einstein

Gut ist auch, wenn man sich aufschreibt (oder von Freunden aufschreiben lässt), was einen toll, liebenswert, besonders macht. Das gibt Kraft in Zweifel-Momenten!

Preacherman

Und wenn ich es irgendwo versemmelt habe, dann ist es wichtig, ganz bewusst zu sagen: „Ich vergebe mir selber." Wir wissen zwar, dass Gott uns Fehler vergibt, selbst beim zehnten Mal. Aber wir können es nicht mehr glauben, weil wir uns selbst nicht mehr vergeben können. Deshalb ist es wichtig, bewusst zu sagen: „Gott, bitte vergib mir. Und ich vergebe auch mir selbst!"

Ben

Wow, das habe ich so noch nie gesagt. Aber das ist bestimmt total befreiend ...

Preacherman

Ja, und dann gilt es wie bei jeder Niederlage: Aufstehen, Krone richten und weiterkämpfen!

Leon

Wenn das so einfach wäre …!

Einstein

Nein, einfach ist es nicht. Und klappt auch nicht immer sofort. Oft muss ich meine chemischen oder physikalischen Experimente Hunderte Male durchführen, weil irgendetwas nicht funktioniert. Also ein neuer Versuch. Und noch einer. Das erfordert sauviel Geduld. Aber wenn man dranbleibt, dann kommt man dem Ziel immer näher. Schritt für Schritt!

Preacherman
Cooler Vergleich. Ja, wir werden im Leben immer wieder auf der Schnauze landen. Jedem geht das so. Aber statt sich selbst zu hassen und zu Gott auf Distanz zu gehen, sollten wir genau das Gegenteil tun: aufstehen, Gottes Vergebung annehmen, ihn um Hilfe bitten und in eine neue Runde starten.

Gott
Meine geliebten Kinder! Wer könnte es wagen, die von mir Auserwählten anzuklagen? Niemand, denn ich selbst spreche sie von aller Schuld frei! ❤️
(Die Bibel, nach Römer 8,33)

Preacherman
Für jede und jeden gilt: Du darfst Ja zu dir sagen, so, wie du bist. Du darfst dich selbst lieben, weil Gott dich liebt und du in seinen Augen unsagbar wertvoll bist. Er hat dich einmalig geschaffen und dir großartige Gaben und Fähigkeiten geschenkt.

Marie
Danke für all die Tipps! Ich werde es meiner Freundin weitergeben. Ach ja: Hab eben selber lange in den Spiegel geschaut. Und da hat mir mein Spiegelbild doch irgendwann tatsächlich gesagt: Marie, ich liebe dich! ❤️ 😂 War ein krasser Moment ...

⚙️ Hier endet der Chat ⚙️

Es ist aus! 😭
Ben schreibt …

Ben
Oh Mann, Leute, die Freundin meines besten Kumpels hat heute Schluss mit ihm gemacht. Er ist total am Boden zerstört. Wie kann ich ihm helfen??? ✓✓

Marie
Oh! 😭 ✓✓

Lisa
Ach, Mensch. So was ist immer sooo schmerzhaft … 😭 ✓✓

Leon
Der Arme! Ich musste das auch schon mal erleben. Kann mir vorstellen, wie mies er sich fühlt. Ich habe erst versucht, alles zu verdrängen. Das war aber ein Fehler. Erst als ich auch mal geheult habe, ging es mir dann wieder besser – mit der Zeit. Aber so was dauert einfach … ✓✓

Marie
Ja, es ist wichtig, die Schmerzen zuzulassen. Alles rauslassen, was wehtut. ✓✓

Preacherman
Salomo sagt in Sprüche 17,17: „Ein guter Freund steht immer zu dir, und ein Bruder ist in Zeiten der Not für dich da." Sei für deinen Freund da, wenn er dich braucht. ✓✓

Ben
Ja, das werde ich auf jeden Fall tun!

Lisa
Als ich Liebeskummer hatte, hab ich tagelang nur geweint. Ich habe mich wie ein Loser gefühlt.

Einstein
Ja, Lisa, wir fragen uns nach einer Trennung oft, was wir falsch gemacht haben. Und denken, wir sind totale Versager, weil die Beziehung nicht mehr besteht.

Einstein
Auch diese Gefühle sind normal, und wir sollten sie zulassen. Wichtig ist es aber, dass wir eine Trennung nicht zu unserem persönlichen Versagen machen. Also uns nicht noch einreden: „Ich bin ein Versager. Ich kriege nix hin." Denn das ist nicht richtig – und macht uns kaputt.

Lisa
Ja, zumal ja immer zwei Leute zu einer Beziehung gehören – und auch zu einem Beziehungsende.

Ben
Das ist doch schon was. Kann ich ihm noch was raten?

Einstein

Was mit Freunden unternehmen ist immer gut. Vielleicht gerade mit denen, die man durch die Partnerschaft nicht mehr so oft getroffen hat. Generell gut ist: rausgehen, ablenken, etwas Schönes machen, sich vielleicht auch ein neues Hobby suchen ...

Marie

Und man kann manchmal aus der Trennung sogar noch was lernen. Das geht sicher erst, wenn die Gefühle nicht mehr so dolle sind. Aber irgendwann kann man sich fragen: Was würde ich beim nächsten Mal anders machen? So kann man aus Fehlern lernen, sich weiterentwickeln und so.

Gott

Mein geliebtes Kind. Ich bin nahe denen, die ein gebrochenes Herz haben. Ich möchte deine Wunden verbinden, dich heilen und dir Hoffnung geben! (nach Psalm 147,3 und Psalm 34,19)

Ben

Oh, danke, Gott! 👍 Diese Ermutigung werde ich meinem Kumpel in jedem Fall weitergeben! 😄

🔧 Hier endet der Chat 🔧

Der Fels im Sturm
Ben schreibt …

Ben
Ich hab heute die Story in der Bibel gelesen, die Jesus erzählt: Der eine Mann baute sein Haus auf Sand, der andere auf Felsen. Als ein starker Sturm kam, fiel das Haus auf dem Sand zusammen, das auf dem Fels aber blieb stehen. Ich hab kapiert, dass es in der Geschichte darum geht, dass man ein gutes Fundament braucht. Aber was genau bedeutet das?

Lisa
Ich denke: Ein Fundament ist ja das, was das Haus trägt. Also was trägt dich? Was trägt dein Leben?

Einstein
Genau. Fundament kommt vom lateinischen Wort „fundamentum". Das heißt übersetzt: Grundlage.

Ben
Ah, okay, verstehe. Jesus fragt also: Was ist die Grundlage in deinem Leben? Was trägt dich?

Preacherman

Preacherman
Gut finde ich an der Geschichte auch, dass Jesus die Stürme erwähnt. Denn die sind auch Teil meines Lebens: Leid, Schmerzen, Probleme. Also das, was mich umzuhauen droht.

Marie
Und gerade in den Zeiten, wo es hart wird, ist es besonders wichtig, ein gutes Fundament zu haben, richtig? ✓✓

Preacherman
Ja, genau so ist es. Besonders in den schlechten Zeiten ist es ganz entscheidend, worauf du dein (Lebens-)Haus gebaut hast. ✓✓

Einstein
Ja, denn dann zeigt sich: Bleibt es stehen oder fällt es zusammen? ✓✓

Einstein
Ein Beispiel: Habe ich mein Leben allein auf meinen Freund oder meine Freundin aufgebaut? Wenn dann die Beziehung in die Brüche geht, was dann? ✓✓

Ben
Oh, ja, ich merke: Es ist schon ganz schön entscheidend, was mein Fundament ist – ein sicheres Fundament, das in Krisen nicht mit den Bach runtergeht … ✓✓

Preacherman
Absolut. Und in der Geschichte gibt der Erzähler ja auch eine Antwort, was er für die wichtigste Lebensgrundlage hält. 😊 ✓✓

Ben
👍 😂 Jesus sagt, dass er selbst die wichtigste Lebensgrundlage sein möchte. Der Fels im Sturm.

Preacherman
Genau.

Lisa
Jesus als das Fundament in meinem Leben. Und das ist unkaputtbar wie ein großer Felsen? Wow!

Marie
Es gibt ja auch Menschen, die versuchen, ihre Probleme mit Alkohol, Drogen oder so zu lösen. Oder Leute, die sich selbst verletzen, andere mobben oder gewalttätig werden. Die haben sicherlich kein gutes Fundament im Leben.

Preacherman
Hm, das kann man nicht verallgemeinern. Klar, wer Gott als Fundament hat, der hat gute Voraussetzungen, Probleme gut lösen zu können, ohne dabei noch mehr Schaden anzurichten. Aber das Leben ist manchmal einfach krass, und da kann es selbst mit Glauben an Gott passieren, dass einen der Sturm mitreißt.

Einstein
Aber das muss trotzdem nicht das Ende sein ...

Preacherman
Richtig. Denn auch dann gilt jederzeit: Gott will und kann uns auch aus den Stürmen retten. Daher ist es wichtig, sich in so einer Krise Hilfe bei Menschen zu suchen, die ein gutes Fundament haben.

Ben
Krass. Was für ein Thema!

Lisa
Hui. Da muss ich noch mal länger drüber nachdenken.

Einstein
Ja, das ist das ganze Leben lang immer wieder ein Thema ... Was trägt dich? Was ist das Fundament in deinem Leben?

Hier endet der Chat

Wer küsst eigentlich die Verlierer?
Marie schreibt ...

Marie
Puh! Ich bin immer noch ganz fertig. Was war das für ein verrücktes WM-Finale! Habt ihr es auch gesehen? ✓✓

Lisa
Na klar doch! Die ganze Welt hat das gesehen ... ✓✓

Einstein
Was ein Sieg! Weltklasse! ✓✓

Leon
Jaaaa, Mann. So wahnsinnig spannend.
Ich bin immer noch ganz nass geschwitzt. ✓✓

Preacherman
Das hat meine Nerven komplett ruiniert. ✓✓

Ben
Mannomann, die ganze Zeit ging es hin und her. Kurz vor Ende führten immer noch die Amerikaner knapp. Sie sahen aus wie der sichere Sieger. Und dann gewinnt die deutsche Mannschaft kurz vor Ende doch noch! ✓✓

Lisa
Ich freue mich sehr für unser Team.
Hochverdienter Sieg. Auch wenn mir
die Amerikaner fast ein wenig leidtun ...   ✓✓

Ben
Ja, beide hätten den Sieg verdient gehabt.
Eindeutig die zwei besten Teams der Welt!

Marie
Aber am Ende jubelt immer nur ein Team. Und die Verlierer
sitzen heulend in der Ecke und schütteln den Kopf.

Leon
Nun ja, die Siegermannschaft wird von allen bejubelt,
wild gefeiert, umarmt und geküsst. Die Verlierer
dagegen schleichen bedröppelt vom Platz.

Ben
Ja, wer küsst eigentlich die Verlierer?

Preacherman
Hm, wohl niemand. Echt doof, oder?

Marie
Ja, echt. Und die Amis sind ja nicht mal wirkliche
Verlierer. Sie sind immer noch das zweitbeste Team
ihrer Sportart auf der ganzen Welt!!

Einstein
Das interessiert aber nach Spielende scheinbar
niemanden. Nur die Nummer 1 wird gefeiert
und nur deren Siegerfotos gehen im Netz durch
die Decke.

Ben
Wie gut, dass Gott so ganz anders ist! Das würde doch Preacherman jetzt sagen, richtig?! 😜

Preacherman
Ben, du Fuchs! Genau das wollte ich jetzt schreiben, haha!! 😅

Lisa
@Ben, woran genau denkst du da?

Ben
Ich dachte an die Geschichte vom Vater und dem verlorenen Sohn. Der Sohn läuft mit Papas Kohle weg, verballert alles auf wilden Partys und ist mit der Zeit so was von pleite. Er hat nix mehr. Irgendwann schleicht er mit hängendem Kopf nach Hause. Er traut sich nicht mal, seinen Vater anzuschauen ...

Ben
Doch sein Dad war total cool. Er hatte jeden Tag auf ihn gewartet und ist mit offenen Armen auf ihn zugerannt!

Preacherman
„So machte er sich auf den Weg zu seinem Vater. Dieser sah ihn schon von weitem kommen; voller Mitleid lief er ihm entgegen, fiel ihm um den Hals und küsste ihn." (Lukas 15,20)

Marie
Immer wieder eine beeindruckende Geschichte. ✓✓

Lisa
Danke, guter Gott, dass du uns jederzeit voller Liebe in den Arm nimmst. Egal, ob es grad einfach super läuft oder wir richtig Mist gebaut haben. Egal, ob wir Gewinner oder Verlierer sind. Danke dafür! ✓✓

Leon
Hoffentlich denkt das Verlierer-Team heute auch mal an Gott, der auch – und ganz besonders – die Verlierer küsst! ✓✓

⚙ Hier endet der Chat ⚙

Liebe ist ...
Marie schreibt ...

Marie
Lisa und ich haben gestern wieder die Filme von „Fack ju Göthe" mit Elyas M'Barek gesehen ... 😂 Echt crazy, die Streifen. Aber auch sooo witzig. Was haben wir gelacht. 😂 😂

Lisa
Jaaa, echt nice! 😂

Ben
Der Film oder der Schauspieler? 😊

Marie
Haha! 👍 Beide! 😂

Lisa
Hm, ja. Elyas M'Barek ist schon ein Schnuckel ... 😊

Einstein
Und der hat total viel Tiefgang. Kein oberflächlicher Typ, wie man vielleicht bei manchen Filmen denken mag.

Marie
Krass, Einstein, dass du den überhaupt kennst! 😊

Marie
Spaaaß! ✓✓

Einstein
😄 Ja, ja, liebe Marie. Ganz aus einer anderen Welt bin ich ja nicht, ne? ✓✓

Einstein
Gestern habe ich ein Zitat von Elyas M'Barek gelesen: „Liebe ist etwas komplett Unegoistisches. Wenn das alle beherzigen würden, wäre die Welt eine bessere. Es erfordert Disziplin, dass man sich nicht als Mittelpunkt betrachtet, sondern dass man auch an seine Mitmenschen denkt. (…) Liebe bedeutet, dass man für einen anderen da ist, dass man vielleicht sogar liebt, wenn man nicht geliebt wird." ✓✓

Lisa
Wow, stark!   ✓✓

Leon
Ja, voll gut, was er sagt. Das ist in der heutigen Zeit echt mal ein Statement … ✓✓

Leon
… in einer Zeit, wo Präsidenten rufen: „Nur ich zähle. Nur unser Land zählt." Wo immer mehr Leute nur auf sich und ihre Karriere schauen. Und wo Menschen belächelt werden, weil sie anderen helfen … ✓✓

Einstein

Ja, wir sollen uns selbst lieben – UND unsere Mitmenschen. Das hat ja Jesus immer wieder gepredigt und vorgelebt. ✓✓

Preacherman

„Finsternis kann keine Finsternis vertreiben. Das gelingt nur dem Licht. Hass kann den Hass nicht austreiben. Das gelingt nur der Liebe." (Martin Luther King) ✓✓

⚙ Hier endet der Chat ⚙

Ein Trikot von Jesus
Leon schreibt …

Leon
Juchuuu! Ich habe mir gerade das nagelneue Trikot von Borussia Dortmund gekauft. Das sieht sooo cool aus! ❤️ 😄 ✓✓

Ben
👍 ✓✓

Einstein
Stark! Das muss ich mir unbedingt auch noch zulegen. 😋 ✓✓

Marie
Und ich wünsche mir zum Geburtstag das neue Trikot von der Nationalmannschaft. Und ratet mal, mit welchem Spieler hinten drauf!? 😋 ✓✓

Lisa
Na, das kann ja nur dein Joshua Kimmich sein … 😊 ✓✓

Marie
Jaaaa, ganz richtig … ❤️ 😄 ✓✓

Lisa
Leute, Leute, ich werde das nie verstehen … ✓✓

Ben
Was denn? ✓✓

Lisa
Na, dass man sich so ein Shirt von einem Verein kauft, dafür über 80 Euro hinblättert und dann noch mit irgendeinem Namen hinten drauf rumläuft ... ✓✓

Leon
Na, das ist eben echte Liebe zum Verein. 😄 ✓✓

Lisa
Aha, okay ... wenn du meinst. 😋 ✓✓

Preacherman
Wisst ihr, dass ihr alle rund um die Uhr ein Trikot anhabt? Selbst Lisa? ✓✓

Ben
??? ✓✓

Marie
What? ✓✓

Lisa
Wüsste ich nix von ... ✓✓

Preacherman
Na, ein Trikot von Jesus. ✓✓

Leon
Aha ... ✓✓

Marie
Wie kommst du darauf? ✓✓

Preacherman
In der Bibel ist davon die Rede. Da steht:
„Alle, die sich taufen lassen, tragen ein Trikot
von Jesus Christus." (frei nach Galater 3,27) ✓✓

Ben
Klingt gut! 😄 ✓✓

Preacherman
Wobei hier die Taufe dafür steht, dass man an Gott
glaubt und mit ihm durch's Leben geht. ✓✓

Einstein
Das Gute daran ist: Egal, ob man das Spiel
gewinnt oder verliert: Mit einem Trikot von
Jesus ist man immer ein Gewinner! 😄 ✓✓

Leon
Da fällt mir auch noch was ein ... Der ehemalige Fußballspieler
Raúl von Real Madrid und Schalke 04 war einer der besten
Spieler aller Zeiten. Bei einem Pokalspiel gegen einen viel
schwächeren Gegner gab es einen hohen Sieg mit 11:1. ✓✓

Leon
Nach dem Spiel wollten fast alle gegnerischen Spieler
mit Superstar Raúl das Trikot tauschen. Der aber läuft
zum Torwart, der gerade elf Tore kassiert hatte und
noch bedröppelt vor dem Tor saß. Raúl gab ihm sein
Trikot und munterte ihn auf. ✓✓

Gott
Das gefällt mir. ✓✓

Marie
Tolles Vorbild! ✓✓

Einstein
Ja! Vielleicht kaufe ich mir als Nächstes ein
Trikot von Raúl ... ✓✓

Leon
@Lisa, du auch!? ✓✓

Lisa
Okay, Leute, so ein Trikot mit Jesus drauf zieh
ich gerne an ... Aber auch NUR das! ✓✓

⚙ Hier endet der Chat ⚙

Ein Herz für die Schwachen
Ben schreibt …

Ben
Hey zusammen! Ich halte nächste Woche ein Referat. Zum Thema „Menschen, die die Welt verändert haben". Hab mir Agnes Gonxha Bojaxhio ausgesucht.

Leon
Agnes … wer? Noch nie was von ihr gehört.

Ben
Sie wurde in Albanien geboren und trat später in einen Orden ein, um Menschen zu helfen. Eines Tages spürte sie, dass Gott ihr sagt: Geh nach Indien in die Slums, um den Menschen dort zu helfen. Besser bekannt ist Agnes unter dem Namen Mutter Teresa.

Marie
Aah! Na klar, die ist ja bekannt.

Ben
Für das Referat brauche ich noch ein paar gute Gedanken von euch … 😁

Ben
Mutter Teresa lebte mitten unter den Ärmsten der Armen. Sie rettete Babys aus dem Müll, versorgte schwerkranke und sterbende Menschen, half Waisenkindern und unterrichtete obdachlose Kinder.

Lisa
Wow, krass. Das ist eine heftige Aufgabe.

Ben
Ja – und Mutter Teresa konnte das natürlich nicht alleine schaffen. Sie gründete in Kalkutta den Orden „Missionarinnen der Nächstenliebe". Die sind bis heute weltweit im Einsatz für die ganz armen und bedürftigen Menschen.

Marie
Ich bewundere Menschen, die sich für Schwächere einsetzen, sehr!

Preacherman
Ja, das ist toll – und Gott freut sich drüber. Denn Gottes Herz schlägt für die Schwachen. In der Bibel gibt es übrigens über 2.000 Verse, in denen es darum geht, dass man sich für die Schwächeren einsetzen soll!

Leon
Echt? 2.000!? Das wusste ich nicht.

Preacherman
Es gibt einen guten Spruch vom klugen Salomo: „Wer den Armen unterdrückt, verhöhnt dessen Schöpfer. Wer dem Hilflosen beisteht, der ehrt Gott." (Sprüche Salomos 14,31)

Einstein
Der Vers fasst Gottes Auftrag an uns super zusammen!

Preacherman
Genau. Gott wünscht sich, dass wir im Leben nicht mit Scheuklappen rumlaufen, sondern Ausschau danach halten, wem es in seiner Schöpfung nicht so gut geht: armen, kranken und schwachen Menschen, aber auch bedrohten Tieren, der Natur …

Einstein
Wir können sicher nicht alle retten, aber jeder könnte doch einen kleinen Teil dazu beitragen und helfen.

Lisa
Das stimmt. Und wenn alle mithelfen würden, sähe die Welt sicher besser aus.

Einstein
„Wir können keine großen Dinge vollbringen – nur kleine, aber die mit großer Liebe." Das Zitat stammt übrigens von Mutter Teresa.

Ben
Toller Satz! Den werde ich in mein Referat einbauen und am Schluss die Frage stellen: „Welchen kleinen Teil willst du dazu beitragen, um Schwächeren zu helfen?"

 Hier endet der Chat

Ich muss da was ändern!
Lisa schreibt …

Lisa
Hey Leute! Ich möchte mich gern mehr bewegen und Sport machen. Gibt es in eurem Leben etwas, was ihr verändern wollt?

Ben
Hm … Also, ich bin leider oft unfair und gemein zu meinem Bruder. Ich würde da schon gerne was ändern, ihn besser behandeln.

Leon
Ich will versuchen, es mit der Wahrheit genauer zu nehmen, als ich es bisher tue.

Preacherman
Ich bin oft sehr unordentlich … Da will ich schon lange was dran ändern …

Marie
Ich lästere leider viel. Ich möchte es gern hinbekommen, nicht mehr so schlecht über andere zu reden.

Ben
Und wie kriegt man das mit der Veränderung ganz praktisch hin?

Einstein

Wer etwas verändern will, muss erst einmal wissen, was er verändern möchte. Das habt ihr ja alle. Manche Leute gehen wie blind durch's Leben. Da wird sich dann auch nicht viel tun. Aber wenn man schon mal weiß, was sich ändern soll, und bereit dafür ist, ist das der erste große Schritt.

Einstein

Schritt zwei: Die Entscheidung. Jede Veränderung beginnt mit einer Entscheidung. Du musst tief in deinem Innern den Entschluss fassen, dass du diesen Punkt in deinem Leben wirklich verändern willst. Halte schriftlich fest, was du ändern möchtest.

Einstein

Der dritte Schritt ist die Überzeugung, dass du die Sache verändern kannst. Henry Ford sagte mal: „Ob du glaubst, du schaffst es, oder ob du glaubst, du schaffst es nicht – du hast auf jeden Fall recht." Nur wer fest an sich und die Veränderung glaubt, schafft es auch!

Einstein

Viertens: Setze deinen Entschluss ganz konkret im Alltag um. Nimm dir jeden Morgen bewusst vor, heute auf dein Vorhaben zu achten. Aber Achtung: Es wird nicht sofort alles klappen. Also lass dir Zeit. Versuche, wie ein Sportler zu trainieren und nach und nach immer besser zu werden. Lass dich von Rückschlägen nicht unterkriegen. So kannst du mit der Zeit dein Ziel erreichen!

Einstein

Und Punkt fünf: auf Gottes Hilfe vertrauen. @Preacherman: richtig?

Preacherman
Genau. Ihr dürft Gott jederzeit um Hilfe bitten. Denn Gott ist der Veränderungs-Chef schlechthin! 😋 Die ganze Bibel ist voll von Leuten, die sich krass verändert haben.

Preacherman
Bittet Jesus um Hilfe. Sagt ihm, was ihr verändern möchtet. Bittet ihn, dass er euch dabei hilft und euch Kraft dafür schenkt. Und dann gilt: „Nichts ist mir unmöglich, weil Christus, der bei mir ist, mich stark macht." (Philipper 4,13)

Lisa
Thäääänx, Leute, für die Tipps!! Hammer! 👍👍

🔧 Hier endet der Chat 🔧

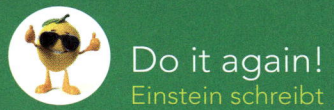

Do it again!
Einstein schreibt …

Einstein
Kennt ihr Thomas Alva Edison? ✓✓

Lisa
Nöö, noch nie gehört. ✓✓

Leon
Wer war das denn? ✓✓

Einstein
Ein echtes Genie! ✓✓

Marie
Ach, so wie du!? 😊 ✓✓

Einstein
Tzzz. 😄 Thomas war schwerhörig. Sein Lehrer beschimpfte ihn in der Schule deswegen als „Hohlkopf". Doch Thomas ließ sich nicht unterkriegen. Er hatte großes Interesse an Chemie und wissenschaftlichen Experimenten. Dem ging er nach – und wurde zum Erfinder der Glühlampe! ✓✓

Leon
Respekt! ✓✓

Einstein
Ja, aber das kam nicht einfach mal so. Thomas brauchte ungefähr 2.000 Versuche, bis er den ersten Kohlefaden in einer Lampe zum Leuchten brachte. ✓✓

Marie
2.000!? Krass. Da hätte ich schon längst aufgegeben! ✓✓

Einstein
Ja, das ist extrem viel. Thomas antwortete auf die Frage nach den vielen Fehlversuchen übrigens: „Nein, das waren keine Misserfolge. Ich kenne jetzt 2.000 Möglichkeiten, wie ein Kohlefaden NICHT zum Leuchten gebracht werden kann!" ✓✓

Ben
Stark!! 👍 ✓✓

Lisa
Echt beeindruckend. ✓✓

Einstein
Von ihm können wir lernen: Bleib dran an deiner Sache, die dir wichtig ist. Vor allem, wenn du scheiterst. Gib nicht auf! Versuche es immer wieder. Visiere dein Ziel neu an! ✓✓

Leon
Das erinnert mich an ein Zitat, das ich diese Woche irgendwo gelesen hab: „Der größte Ruhm im Leben liegt nicht darin, niemals zu fallen, sondern jedes Mal wieder aufzustehen." (Nelson Mandela, erster schwarzer Präsident Südafrikas) ✓✓

Einstein
Wenn du scheiterst und eine Niederlage kassierst, kannst du aufgeben und am Boden liegen bleiben. Oder du stehst wieder auf und kämpfst weiter. Nimm einen Seitenwechsel vor und sieh die Niederlage als eine neue Chance. Dann kann deine Niederlage vielleicht sogar zum Sieg werden!

Marie
Oder wie mein Trainer vor dem Spiel immer sagt: Wer sich nix traut, der gewinnt auch nix. Wer nicht antritt, der hat schon verloren!

Einstein
Ja, lasst uns im Leben mit Gott an der Seite mutig vorangehen. Aufstehen, wenn wir hinfallen. Und immer wieder neue Wege wagen.

 Hier endet der Chat

Langweiliges Leben
Lisa schreibt …

Lisa
Hi, Leute. Irgendwie finde ich mein Leben zurzeit so langweilig. Es passiert einfach nie was Spektakuläres wie bei den anderen. Ich erlebe keine Abenteuer. Einfach nur Alltag, jeden Tag. Gähn.

Ben
Möchtest du mehr Action haben?

Lisa
Ja. Einfach, dass mal was passiert, mein Leben richtig spannend wird.

Preacherman
Lisa, ich glaub, dass sich sehr viele ein aufregendes Leben wünschen. Ein Leben wie im Hollywood-Film. Oder das aufregende Leben eines Sportlers, Schauspielers oder Musik-Stars.

Lisa
Ja, das wäre was! Ich wäre gerne mal so wie Miley Cyrus, Bibi oder Selena Gomez.

Preacherman
Ja, manche Menschen führen tatsächlich so ein Luxus-Leben. Aber sehr wenige.

Ben
Aber, hey, ist dein Leben wirklich so langweilig, Lisa? Also, dass du es gar nicht merkst ... ✓✓

Lisa
Was meinst du genau?? ✓✓

Ben
Dass du durchaus spannende, herausfordernde Dinge erlebst, nur dass die Bravo vielleicht nicht drüber schreibt ... 😄 ✓✓

Lisa
Hm, ja ... vielleicht. ✓✓

Preacherman
Es ist oft so, dass wir uns viel damit beschäftigen, wie es wäre, jemand anderes zu sein. Währenddessen zieht unser eigenes Leben an uns vorbei, und wir merken gar nicht, wie viel Abenteuer da eigentlich drinsteckt! ✓✓

Marie
Ja, da ist was dran ... ✓✓

Preacherman
Ich habe mich heute Morgen am Telefon mit meinem Bruder gezofft. Es ist echt schwer, das zu klären. Brauche viel Mut, um ihn um Entschuldigung zu bitten. Also, Leute, das ist alles andere als langweilig! ✓✓

Ben
Und ich muss mich jetzt entscheiden, ob es bei mir mit Schule weitergeht oder mit Ausbildung ... Sehr spannend. ✓✓

Marie
Und wenn ein Mädel überlegt, den süßen Kerl anzusprechen oder ihm zumindest eine kleine Botschaft zu schicken ... Uuh, ist das aufregend. ✓✓

Einstein
Auch, wenn ich für etwas bete, bleibt es immer spannend: Wie wird Gott darauf antworten? Was wird passieren? ✓✓

Einstein
Oft übersehen wir die kleinen Momente im Alltag, weil wir auf die großen Momente warten. Aber gerade die kleinen Momente gilt es zu beachten und wertschätzen zu lernen. ✓✓

Preacherman
Gott möchte uns beschenken. Dafür müssen wir aber genau hinschauen. Und wer genau hinschaut, erlebt viel mehr Abenteuer, Herausforderungen und Action als gedacht! ✓✓

Lisa
Echt klasse, Leute! Big Thx. Ich glaube, mein Leben ist wirklich viel aufregender, als ich dachte. 😄 ✓✓

⚙ Hier endet der Chat ⚙

 **Und in welcher Jahreszeit lebst du gerade?**
Einstein schreibt …

Einstein
Ich hab heute ein kleines Experiment mit euch vor. Ich behaupte ja, die Jahreszeiten haben ganz viel mit unserem Leben zu tun. Und mit dem Glauben. Oder andersrum gesagt: In unserem Leben und im Glauben an Gott befinden wir uns immer in einer bestimmten Jahreszeit.

Einstein
Was fällt euch denn zu den Jahreszeiten ein?
Lasst uns mal mit dem Frühling starten, okay?

Lisa
Frühling bedeutet: Aufblühen, aufwachen.
Neues Leben entsteht. Geburt.

Ben
Nach kalten, grauen Tagen wird es wärmer, sonniger.
Neue Energie, Power kommt ins Leben.

Marie
Bunte Blüten, das Leben wird wieder bunter. Hoffnung.

Preacherman
Den Glauben (neu) entdecken. Neu durchstarten.

Einstein
Stark! Jetzt Nummer 2: der Sommer! 😄

Leon
Strand. Meer. In der Sonne liegen. Das Leben genießen, relaxen, Spaß haben. Feiern. ✓✓

Ben
Wärme, Licht, endlose Weite. Dankbarkeit. ✓✓

Marie
Das Leben strahlt. Ich schaffe viel, erlebe viel. Starte so richtig durch ... ✓✓

Preacherman
Ich spüre Gott gaaanz nah, erlebe Wunder, singe vor Freude, lobe Gott laut. ✓✓

Lisa
Viel Zeit draußen verbringen, unterwegs sein. Neue Seiten, neue Orte im Leben entdecken. ✓✓

Einstein
 Und jetzt der Herbst ... ✓✓

Marie
Die Tage werden kürzer. ✓✓

Ben
Regentage. Sturm. Stressige Zeiten. Streit. Loslassen müssen. Trauer. ✓✓

Lisa
Aber auch bunte Herbstblätter, goldene Oktobertage mit blauem Himmel. Letzte warme Sonnenstrahlen. ✓✓

Preacherman
Momente des Nachdenkens. Stille. Tief in sich reinhören. Sich fragen: Was hält wirklich ewig? Was kommt nach dem Tod? ✓✓

Einstein
Und jetzt noch der Winter … ✓✓

Leon
Schnee. Kälte. Frost. Eis. Dunkelheit. ✓✓

Lisa
Tod und Trauer. Alleine sein. Sich verlassen fühlen. Tiefe Schmerzen. Leiden. Tränen. ✓✓

Preacherman
Zweifel an Gott, am Leben. Aber auch leises Hoffen auf bessere Tage. Beten für neue Kraft. ✓✓

Ben
Sich von Gottes Liebe aufwärmen lassen wie an einem warmen Ofen oder am hellen Feuer in der Nacht. ✓✓

Marie
Und: Die Hoffnung nicht aufgeben, denn: Der Frühling kommt garantiert wieder! ✓✓

Einstein
Vielen lieben Dank euch. Super! 👍😄 Ihr habt gemerkt: Wir alle befinden uns immer in einer bestimmten Jahreszeit. Mal blüht es, mal ist es dunkel. Und diese Zeiten kommen und gehen. Wie Frühling, Sommer, Herbst und Winter ✓✓

Einstein
@alle: Und in welcher Jahreszeit befindest du dich gerade? ✓✓

⚙ Hier endet der Chat ⚙

Die sieben Weltwunder
Leon schreibt …

Leon
Wir hatten heute in der Schule eine interessante Situation. Unsere Lehrerin sagte uns, wir sollen die sieben Weltwunder raussuchen und aufschreiben.

Marie
Okay. Ich wüsste nur eins, glaube ich. Diese Pyramiden da in Ägypten …

Einstein
Na ja, Marie, es gibt da verschiedene „sieben Weltwunder". Die Pyramiden in Ägypten sind eines der sieben Weltwunder der Antike. Im Jahr 2007 wurden sieben neue Weltwunder festgelegt.

Einstein
Es gibt auch „Weltwunder der Natur". Oder der Architektur …

Marie
Interessant! Das wusste ich noch gar nicht.

Leon
Nun, wir sollten die heutigen sieben Weltwunder aufschreiben …

Einstein
Da ist zum Beispiel die Chinesische Mauer dabei. Oder das Kolosseum in Rom.

Leon
Ja. Und die tolle Inka-Stadt Machu Picchu
oder die Christus-Statue in Rio de Janeiro.

Leon
Wir haben die auch fast alle fleißig
gegoogelt und aufgeschrieben.

Lisa
Aber ...?

Leon
Merle hat sich gar nicht daran beteiligt. Der
Lehrerin fiel das irgendwann auf. Sie fragte Merle,
ob sie auch was herausgefunden habe.

Ben
Und?

Leon
Merle sagte: „Es gibt so viele Wunder. Ich habe lange
überlegt. Für mich sind die sieben Weltwunder: sehen,
hören, fühlen, riechen, lachen, glauben und lieben."

Marie
Spannend!

Ben
Finde ich sehr cool von ihr.

Einstein
Ja, ich auch!

Leon
Ich finde, sie hat sich gute Gedanken gemacht.
Wir sind einmalige Wunderwerke!

Einstein
Merles sieben Wunder sind genau die Eigenschaften,
die uns als Menschen so besonders machen. Da steckt
das ganze Leben drin.

Ben
Und nur weil wir sehen, riechen, hören usw.
können, sind wir überhaupt erst in der Lage,
besondere Bauwerke zu schaffen.

Einstein
Bauwerke sind toll. So mächtig, beeindruckend.
Aber trotzdem bestaunen wir da nur tote Materie ...

Einstein
... und vergessen dabei, dass das wertvollste,
größte Wunder jede und jeder von uns selbst ist.

Marie
@Gott: Ich danke dir, dass du mich so wundervoll ausgedacht
hast. Dass ich sehen, hören und fühlen kann. Dass ich lachen,
glauben und lieben kann. Lass mich heute mein Leben dazu
gebrauchen, dass ich anderen Menschen durch mein Lachen,
durch meinen Glauben und meine Liebe eine Freude machen
kann. Dass ich anderen sage, dass auch sie ein Wunder sind.

Leon
Amen dazu!! 😄

  Hier endet der Chat

 **Und vor mir das große, weite Meer**
Lisa schreibt …

Lisa
Hallo in die Runde! Oh Mann, in meinem Leben verändert sich gerade sooo viel. Umzug in die neue Wohnung, neue Mitschüler, neue Gemeinde. Dazu kommt, dass ich auch bei mir selbst einige Dinge verändern möchte, wo ich mit mir unzufrieden bin … ✓✓

Ben
Wow, da ist ja was los bei dir, alter Stadtverwalter! 😄 ✓✓

Preacherman
Ja, so viele Veränderungen bringen das Leben ganz schön durcheinander! ✓✓

Lisa
Ja. Ich hab das Gefühl, dass nichts mehr ist wie zuvor. Als wäre ich die ganze Zeit im sicheren Schwimmbecken geschwommen – und nun öffnet sich das große, weite Meer vor mir mitsamt den hohen Wellen. ✓✓

Einstein
Veränderungen im Leben gibt es immer wieder. Manche Veränderungen sind ganz normal, gerade in eurem Alter. Zum Beispiel verändert sich euer Körper ab einem gewissen Zeitpunkt stark. ✓✓

Leon
Aber auch die Interessen verändern sich, zumindest bei mir. 😂 Ich mag jetzt ganz andere Musik, entdecke neue Hobbys und mag andere Leute als noch vor zwei Jahren. ✓✓

Marie
Ja, das kann ich nur bestätigen. ✓✓

Preacherman
Aber es gibt auch Veränderungen, die nicht direkt was mit dem Erwachsenwerden zu tun haben. Gerade ein Umzug wie bei Lisa stellt das Leben mächtig auf den Kopf. Aber auch Krankheiten, die Scheidung der Eltern, der Tod von geliebten Menschen oder Tieren …
All das sind heftige Veränderungen. ✓✓

Ben
Die Scheidung meiner Eltern hat alles durcheinandergebracht. Ich würde sagen, bis heute kämpfe ich mit den Veränderungen, mit der ganzen neuen Situation in meinem Leben. ✓✓

Einstein
Und das darf auch so sein. Niemand erwartet, dass ihr alles Neue sofort auf die Kette bekommt. Man muss sich ja erst an alles Neue gewöhnen, neue Dinge kennenlernen, Schlimmes auch verarbeiten können. ✓✓

Preacherman
Deswegen ist der erste wichtige Tipp bei Veränderungen: Gib dir selbst Zeit. Wer sich Druck macht, wird scheitern oder nur noch mehr gestresst sein. ✓✓

Lisa
Ja, ich dachte anfangs, ich muss sofort alles schaffen, aber das geht nicht. ✓✓

Einstein
Überforderung ist ein großes Problem bei Veränderungen. Man will gleich alles perfekt hinbekommen. Aber es ist wie beim Training: Es wird nach und nach besser.

Preacherman
Deswegen gilt: Halte fest am guten Plan. Und wenn du scheiterst, nicht gleich aufgeben!

Einstein
So wie ein Künstler oft mehrmals neu anfängt, bis er endlich die richtige Komposition und die passenden Farben für sein geniales Bild gefunden hat, so darfst auch du dir Zeit lassen und immer wieder neu anfangen.

Preacherman
Und egal, welche Veränderungen grad anstehen – ob traurig, motivierend, schlimm oder gut: Gott geht mit dir!

Einstein
Ja, zu Gott kannst du kommen, wie du bist. Egal, was du mitbringst. Egal, wie du dich fühlst. Egal, was passiert ist. Komm zu ihm, sag ihm alles!

Preacherman
Gott will für dich im großen, weiten Meer der Leuchtturm sein.

Ben

Ja, Gott war in meinen schlimmsten Zeiten wie ein Leuchtturm für mich. Ohne ihn hätte ich das alles nicht durchgehalten. ✓✓

Gott

Mein geliebtes Kind! Ich bin der Herr, dein Gott. Ich nehme dich an deiner Hand und sage dir: Hab keine Angst! Ich helfe dir! (nach Jesaja 41,13) ✓✓

Lisa

Danke, Gott! 😄 😄 ✓✓

Ben

Danke, Gott, dass du mir geholfen hast bis jetzt! ✓✓

🔧 Hier endet der Chat 🔧

Einen Engel getroffen
Leon schreibt …

Leon
Hi ihr! Ich hatte gestern ein tolles Erlebnis!

Marie
Was denn? Jetzt wollen wir's wissen! 😄

Leon
Ich war in der Stadt unterwegs, lief gerade in der Nähe des Rathauses vorbei. Da sprach mich plötzlich ein Mann an.

Ben
Kanntest du ihn?

Leon
Nein. Und er konnte kaum Deutsch. Ich verstand dann nach und nach, dass er die Ausländerbehörde sucht.

Lisa
Ein Flüchtling, oder?

Leon
Ja. Ich versuchte, ihm den Weg zu erklären, aber er verstand es nicht. Da bin ich mit ihm gegangen und hab ihm den Weg gezeigt. Er war total froh darüber …

Marie
Das glaub ich dir. Ist ja auch nett von dir.

Leon
Ja, aber was dann passierte, war … beeindruckend.
Er sagte immer wieder, ich solle auf ihn warten.

Lisa
Und hast du es getan?

Leon
Na ja, mir war schon etwas komisch dabei, aber ich
wartete. Dann kam er nach fünfzehn Minuten von seinem
Termin wieder und sagte, ich soll mit ihm kommen.

Marie
Und was hast du gemacht?

Leon
Na ja, er war so unglaublich nett. Und weil ich etwas Zeit
hatte und ihn nicht richtig verstehen konnte, ging ich
mit ihm. Er führte mich zu seiner kleinen Wohnung. Dort
bat er mich hereinzukommen. Das machte ich dann auch,
obwohl mir leicht mulmig war.

Ben
Mutig, mutig! 😂

Leon
Und dann … kochte er Essen und lud mich dazu ein. Er
erzählte mir viel aus seinem Leben, mit Worten und mit
Händen. Dass er aus Eritrea geflohen ist. Er eine schlimme Zeit
dort erlebt hat. Wie er nach Deutschland kam und wie es ihm
hier jetzt geht …

Leon
Und er wollte alles von mir wissen. Wir hatten so viel Spaß, und ich weiß nicht, wann ich das letzte Mal so gut gegessen hab. Etwas scharf, das Essen, aber saulecker! 😄

Lisa
Echt schön!

Leon
Ja, er war so nett und gastfreundlich. Und sooo dankbar. Ich hab noch nie so einen freundlichen, lustigen Menschen getroffen. 😄

Marie
Toll! Da hat sich dein Mut echt gelohnt.

Ben
Ja. Stark, Mann! 👍

Leon
Obwohl ich ihm sagte, es sei okay, ich hätte ihm auch so gerne geholfen. Er müsse nichts dafür geben. Aber er wollte es unbedingt. Er sagte, ich sei heute seine Hilfe von Gott gewesen. Keiner sonst wollte ihm helfen ...

Marie
Weißt du, was mir grad in den Kopf schießt? Erst vor ein paar Tagen hab ich was in der Bibel gelesen ... „Vergesst nicht, offen und gastfreundlich zu sein. Denn ohne es zu wissen, haben manche auf diese Weise einen Engel bei sich aufgenommen." (nach Hebräer 13,2)

Leon
Hä, ich soll ein Engel sein, den Aman bei sich in der Wohnung aufgenommen hat?? ✓✓

Ben
Vielleicht. 😊 Aber ich denke, man kann es auch so verstehen: Jeder, der für Fremde und Außenseiter da ist, sich um sie kümmert, der trifft dabei vielleicht einen ganz besonderen Menschen – einen Engel eben! 😄 ✓✓

Marie
Ja, so hab ich es auch gemeint. ✓✓

Leon
Für Samstag habe ich mich übrigens schon mit Aman verabredet. Da wollen wir zusammen ins Kino. Will jemand mit!? ✓✓

⚙ Hier endet der Chat ⚙

Streit mit der Family
Lisa schreibt …

Lisa
Puh! Ich muss hier mal Dampf ablassen … Ich hab mich eben heftig mit meinem Bruder gestritten. Ich glaub, wir haben uns noch nie so krass beleidigt. 😒 Ich bin total fertig. 😭 ✓✓

Ben
Oh neiin! 😒 Zoff in der Familie ist immer blöd. ✓✓

Marie
Ich hatte gestern auch Streit mit meinen Eltern. ✓✓

Lisa
Was soll ich denn nun machen?? ✓✓

Einstein
Lisa, Streit ist immer schlimm und tut weh. Aber Streitereien kommen in JEDER Family vor. Du bist nicht allein mit dem Problem! ✓✓

Preacherman
Das war schon in der Bibel so. Zum Beispiel bei Josef und seinen Brüdern. Wichtig ist es, dass man lernt, wie man streitet. Und sich wieder versöhnt. ✓✓

Lisa
Hm, habt ihr irgendwelche praktischen Tipps? ✓✓

Einstein

Versuche, beim Streiten immer Ich-Botschaften zu senden, wenn du sagst, wie du etwas empfindest. Also nicht: „DU hast aber ...", sondern: „ICH bin verletzt, weil ..."

Preacherman

Auf Worte wie „immer", „jedes Mal", „nie" solltest du verzichten. Ebenso auf Beleidigungen, Schimpfwörter und alles, was den anderen nur niedermacht. Das löst keinen Streit, sondern macht alles nur noch schlimmer.

Einstein

Durchatmen und nachdenken hilft immer. Während des Streits oder danach. Wenn wir emotional geladen sind, setzt unser Gehirn manchmal aus. Wenn man kurz eine Runde spazieren geht oder sich ins Zimmer zurückzieht, dann kann man über alles in Ruhe nachdenken und kommt wieder etwas runter.

Ben

Aber das sollte nicht ewig dauern, oder?

Preacherman

Absolut, Ben! Sich anschweigen und den anderen zu ignorieren löst keine Probleme. Das ist nur ein Zeichen, dass man den anderen damit strafen will. Klar braucht es manchmal Zeit, um wieder aufeinander zuzugehen. Aber ohne Reden schweigt man das Problem nur tot.

Einstein

Und wenn ihr dann mit etwas zeitlichem Abstand über den Streit sprecht, versucht mal, die Position des anderen einzunehmen: Warum hat ihn das so sehr geärgert, was ich gemacht habe? Manchmal verstehen wir den anderen erst, wenn wir seine Position einnehmen.

Preacherman
Am Ende geht es beim Streit auch nicht darum, als Gewinner aus einem Kampf hervorzugehen. Sondern darum, eine gute Lösung zu finden, mit der alle leben können. ✔✔

Einstein
Und das Aller-aller-Allerwichtigste: Entschuldigung zu sagen und zu vergeben! ✔✔

Preacherman
Ganz genau. Das ist das Wertvollste, was wir in unseren Familien lernen und leben können! Wenn ihr euch am Ende vergebt und in die Arme nehmt, dann siegt trotz Streit immer die Liebe. ✔✔

Leon
Puh, das müssen wir in meiner Familie echt wieder üben ... ✔✔

Preacherman
Du hast recht, Leon! Denn im Ärger vergisst man all die guten Tipps schon mal schnell. Das geht mir auch nicht anders ... ✔✔

Lisa
Danke für eure Gedanken. Ich gehe jetzt 'ne Runde raus, atme durch – und dann rede ich mit meinem Bruder. Hoffentlich klärt sich dann wieder alles. ✔✔

Leon
Viel Erfolg dafür! Wir beten für dich! ✔✔

⚙ Hier endet der Chat ⚙

Liebe gewinnt
Marie schreibt …

Marie
Ich war heute auf der Hochzeit meiner Cousine. Aaah, ich liebe Hochzeiten! ❤️❤️❤️ ✓✓

Lisa
Wer tut das nicht? 😊 ❤️ ✓✓

Marie
Und ich fand auch den Trauvers so schön: „Alles, was ihr tut, soll in Liebe geschehen." (1. Korintherbrief 16,14) ✓✓

Ben
Wow, echt ein schöner Vers. ✓✓

Leon
Und der passt nicht nur zur Hochzeit, oder!? 😋 ✓✓

Preacherman
Klaro, das gilt für alle Lebensbereiche! 😄 ✓✓

Lisa
Gar nicht so einfach … ✓✓

Ben
Was? ✓✓

Lisa
Das mit der Liebe in allen Lebensbereichen. Wenn's toll läuft, ist das ja easy. Aber wenn es kracht, ich total anderer Meinung bin oder den anderen nicht mag?

Marie
Witzig, das Thema hat unser Pfarrer in seiner Predigt am Sonntag auch angesprochen: Lieben, wenn man anderer Meinung ist. Lieben, wenn man sich gestritten hat. Lieben, wenn der andere einen Fehler gemacht hat ...

Preacherman
Alle Lebensbereiche – dazu gehören: Familie, Freundeskreis, Partner, Schulklasse, Gemeinde, Sportverein ... Aber auch die Begegnung mit Fremden auf der Straße oder in der U-Bahn, im Internet beim Chatten ...

Ben
Liebe im Alltag leben, heißt das dann. Ne ganz schöne Herausforderung!

Preacherman
Ja, das ist nicht leicht. Aber wir haben den Auftrag dazu von höchster Stelle. Gott selbst ist die Liebe. Er hat sie uns geschenkt, damit wir sie weiter verschenken.

Marie
Jaaaa, man kann niiiiie genug Liebe verschenken! ❤️ ❤️ Zum Beispiel mal einfach so ein kleines Geschenk machen oder freiwillig was im Haushalt übernehmen ...

Preacherman
Ganz richtig! ✓✓

Preacherman
@alle: Und wenn du überlegst, was in einer bestimmten Situation die richtige Entscheidung wäre, dann denk an den Vers: Alles, was ihr tut, soll in Liebe geschehen!
Wie könnte also deine Entscheidung aussehen, damit die Liebe gewinnt? ✓✓

 Hier endet der Chat

Narben
Leon schreibt …

Leon
Hi Leute! Ich hab heute mal 'ne gaaanz andere Frage an euch: Habt ihr eigentlich Narben? Mir ist aufgefallen, dass man an meinem Knie immer noch sieht, dass ich damals im Kindergarten hingefallen bin …

Marie
Ich hab auch eine oben an der Stirn. Da bin ich mal die Treppe runtergefallen … Autsch.

Lisa
Ich ärgere mich immer über meine Narbe am Bauch, von der Blinddarm-Operation. Vor allem im Sommer im Schwimmbad! 😞

Ben
Na ja, Narben findet wohl niemand so toll …

Einstein
Also sind nur Menschen schön, die keine Narbe haben?

Lisa
Nein!!

Ben
Natürlich nicht.

Einstein
Ich finde: Narben machen uns einzigartig. Sie sind ein Zeichen für das Leben. Denn Verletzungen und Unfälle gehören zum Leben dazu. Somit haben sie eine Geschichte. ✓✓

Leon
Hm ja, spannender Gedanke. ✓✓

Einstein
In Lisas Fall weist die Narbe sogar auf etwas sehr Gutes hin. Ihr Blinddarm wurde entfernt. Dadurch ist sie nun wieder gesund. Hätten die Ärzte das nicht gewusst oder gekonnt, wäre sie jetzt nicht mehr am Leben. ✓✓

Lisa
Stimmt, so hab ich das noch nie gesehen. ✓✓

Ben
Aber es gibt ja auch Narben, die Menschen anderen bewusst zufügen. Daran finde ich nix Tolles ... 😖 ✓✓

Einstein
Ja, wenn Eltern ihr Kind schlagen, dich Mitschüler mobben oder dir jemand sagt, du seist hässlich, dann hinterlässt das ganz große Narben in der Seele. Und gerade diese unsichtbaren Narben tief in uns drin tun besonders weh. ✓✓

Einstein
Da kann man natürlich nicht sagen: „Sieh's positiv." Wenn dich jemand verletzt, misshandelt oder mobbt, dann bitte unbedingt jemanden um Hilfe. Sonst wird es immer schlimmer! ✓✓

Lisa
Können denn so schlimme Narben
auch irgendwann besser werden?

Einstein
Ja. Aber alles, was dich tief in deiner Seele verletzt hat,
braucht viel Zeit zum Heilen. Und Gespräche. Es ist sehr
heilsam, mit Leuten über die Wunden und Narben zu
sprechen. Vor allem auch mit Gott.

Einstein
Und heilsam ist es auch, wenn man es irgendwann
schafft, loszulassen und zu vergeben – auch wenn
der andere nie seine Schuld eingesteht.

Leon
Als ich damals gemobbt wurde, hab ich gebetet, dass ich
die Mitschüler nicht mehr hasse und ich ihnen vergeben
kann. Je mehr ich die Sache an Gott abgegeben habe,
desto besser konnte ich alles verarbeiten. Trotzdem tut
es immer noch etwas weh ...

Einstein
Narben können noch lange wehtun.
Manche tun ein Leben lang weh.

Ben
Oha.

Einstein
Aber Narben können auch etwas Positives bewirken. Wenn der Junge, der als Kind geschlagen wurde, sich später für misshandelte Kinder einsetzt, dann hat er aus seiner Narbe etwas Tolles entstehen lassen. ✓✓

Marie
Es geht also darum, Narben nicht nur hässlich zu finden, sondern sie als Teil meines Lebens zu sehen und das Beste daraus zu machen? ✓✓

Einstein
Genau. ✓✓

Einstein
Und vielleicht kannst du ja irgendwann sagen: Trotz meiner Narben bin ich dankbar für mein einzigartiges, wertvolles Leben! ✓✓

Gott
Mein liebes Kind, vergiss nicht: Ich bin dein Arzt. Ich will dich wieder gesund machen und deine Wunden heilen. (Jeremia 30,17) ✓✓

⚙ Hier endet der Chat ⚙

Malala
Einstein schreibt …

Einstein
Stellt euch mal vor: Ihr dürft keine Musik hören, nicht tanzen, nicht zur Schule gehen, und müsst Kleidung tragen, die alles bis auf eure Augen verdeckt.

Marie
Grausam!

Ben
Schlimme Vorstellung … Selbst, wenn ich an manchen Tagen nicht gerne zur Schule gehe.

Einstein
Im Leben von Malala war das Realität.

Lisa
Malala, wer ist das?

Einstein
Malala wuchs in Pakistan auf. Als sie zehn Jahre alt war, kam die islamische Terrorgruppe Taliban in ihre Gegend. Und die wollten Mädchen all das verbieten: Musik zu hören, Fahrrad zu fahren, in die Schule zu gehen …
Denn sie glauben, Mädchen sind nicht dafür da, zu lernen und frei zu sein.

Marie

Leon
Echt schlimm. Wie hat Malala darauf reagiert?

Einstein
Sie hat sich nicht an die Regeln gehalten. Und hat zudem heimlich in einem Blog darüber erzählt. So konnte die ganze Welt lesen, was in ihrer Heimat abging. Viele fanden das mutig und luden sie zu TV-Sendungen ein. Dort rief sie alle Mädchen und Frauen auf, sich nicht unterdrücken zu lassen.

Ben
Wow, wie mutig!!

Leon
Puh, ob ich mich das getraut hätte? Wohl eher nicht …

Einstein
Die Taliban-Kämpfer hatten das natürlich auch mitbekommen. Als Malala 15 Jahre alt war, stürmten sie einen Bus und schossen ihr in den Kopf.

Lisa
Waaaaas!???

Einstein
Wie durch ein Wunder überlebte Malala.

Einstein
Das furchtbare Attentat ging für die Taliban trotzdem nach hinten los: denn es verhalf der jungen Freiheitskämpferin zu noch mehr Berühmtheit. Malala gilt seitdem für Frauen weltweit als Symbolfigur für Freiheit und Bildung.

Lisa
Sehr gut!! ✔✔

Einstein
Und mit 17 Jahren wurde Malala als bisher jüngste
Kandidatin mit dem Friedensnobelpreis ausgezeichnet. ✔✔

Marie
Toll, das hat sie auch verdient! ✔✔

Leon
Ja, echt klasse! ✔✔

Preacherman
Ich hab „Malala" gerade gegoogelt. Und Zitate aus
Reden von ihr gefunden. Da sind ja krasse Sätze dabei!
Was für eine tolle Frau! ✔✔

Preacherman
Hier, lest mal: „Ich hatte zwei Optionen. Die eine war, zu
schweigen und darauf zu warten, getötet zu werden. Und
die zweite war, die Stimme zu erheben und dann getötet
zu werden. Ich habe mich für die zweite entschieden."[2] ✔✔

Lisa
Beeindruckend! ✔✔

Preacherman
Und hier: „Obwohl ich nur als ein Mädchen erscheine, eine Person mit 1,70 Metern (wenn man meine High Heels dazurechnet), bin ich keine einsame Stimme. Ich bin diese 66 Millionen Mädchen, denen man die Bildung verweigert hat."[3] ✓✓

Ben
Stark!!! ✓✓

Marie
Gott, ich danke dir heute so sehr, dass ich als Mädchen in Freiheit aufwachsen darf. Ich danke dir, dass ich in die Schule gehen darf. (Dass ich das mal sage!) Und ich danke dir, dass es Menschen gibt wie Malala, die sich gegen Ungerechtigkeit wehren. Gib auch mir Mut, in meinem Umfeld für das Gute einzustehen! ✓✓

⚙ Hier endet der Chat ⚙

Loben zieht nach oben
Ben schreibt …

Ben
Hi Leute! Ich hab letzte Woche ein Referat über Sophie und Hans Scholl gehalten und eine Präsentation erstellt. Das hab ich dann eine ganze Stunde lang der Klasse präsentiert. ✓✓

Lisa
Sophie und Hans Scholl? ✓✓

Ben
Das waren junge Studenten. Sie haben sich gegen Hitler und die Nazis aufgelehnt und den Hass gegen Juden verurteilt. Beide wurden aufgrund ihres Engagements umgebracht. ✓✓

Marie
Oha, krasses Thema. Wie kam dein Vortrag an? ✓✓

Ben
Sehr gut. Alle haben mich gelobt. Nicht nur der Lehrer. Sogar viele Mitschüler sagten, dass sie das superspannend fanden. Das soll was heißen … ✓✓

Lisa
Toll, Ben! Glückwunsch! 😄 ✓✓

Leon
 ✓✓

Preacherman
Glückwunsch auch von mir! So ein Lob tut gut, was!? ✓✓

Ben
Ja, und wie! Der ganze Aufwand hat sich gelohnt und das Lob macht mich richtig glücklich! ✓✓

Einstein
Meine Oma sagte immer: „Danken schützt vor Wanken. Loben zieht nach oben." ✓✓

Ben
Jaa, sehr nice. Das stimmt. ✓✓

Preacherman
Da ist was dran. Und könnte direkt von Gott kommen. ✓✓

Gott
Na sicher! 😊 Denn ich will keine Heldentaten oder Opfer haben. Denn ich freue mich vor allem über Dank und Lob! (nach Psalm 50,14) ✓✓

Preacherman
Wofür seid ihr heute dankbar? Wofür lobt ihr Gott? ✓✓

Lisa
Ich bin dankbar, dass ich heute Muskelkater habe und platt bin. Denn das bedeutet: Ich konnte gestern Sport machen und mich richtig verausgaben! ✓✓

Einstein
Ich bin dankbar, dass ich gestern lange nach meiner Geburtstagsparty aufräumen musste. Denn das bedeutet: Viele liebe Menschen haben mit mir gefeiert! ✓✓

Marie
Ich bin dankbar, dass ich Hausaufgaben machen und Vokabeln lernen muss. Denn das bedeutet: Ich darf zur Schule gehen. ✓✓

Leon
Ich bin dankbar, dass ich den Tisch abräumen und das Geschirr abspülen muss. Denn das bedeutet: Ich habe Essen und Wasser. ✓✓

Einstein
@alle: Wen möchtest du heute mit deinem Lob erfreuen? Und wofür bist du dankbar? Wofür lobst du Gott? ✓✓

⚙ Hier endet der Chat ⚙

Ich bin raus!
Leon schreibt …

Leon
Wow, Leute! Ich kann gerade nur noch staunen! Um mich herum überall schneebedeckte Berge. Ich stehe am Gipfelkreuz … Was ein Anblick! So genial! 😄 ✓✓

Ben
Klingt toll! Wo bist du denn?? ✓✓

Leon
Im Urlaub in Südtirol. ✓✓

Lisa
Klasse! Freut mich für dich! ✓✓

Ben
Dabei dachtest du doch vor kurzem noch, wandern wäre langweilig? ✓✓

Leon
Ja. Aber hier ist es so schön. Ich genieße die Natur richtig. Und als Belohnung für das Wandern und die Anstrengung dann die wunderschönsten Blicke auf die Gipfel und in die Täler. Unbeschreiblich. Echt gigantisch! ✓✓

Einstein
Ich bin immer wieder fasziniert, wie uns die Schöpfung Gottes verzücken kann. ✓✓

Marie
Ja, ich sollte auch viel öfter rausgehen. Immer, wenn ich in der Natur bin, genieße ich das total. Das ist eigentlich auch viel besser als drinnen zu vergammeln ... ✓✓

Einstein
Keine Frage, Smartphone, Playstation und Fernseher sind tolle Geräte. Ich nutze sie auch ganz viel. Aber manchmal wäre es besser, nicht nur auf Bildschirme zu starren, sondern sich ins echte Leben zu wagen, live und mit allen Sinnen zu spüren, was draußen so abgeht. ✓✓

Leon
Haha, Einstein, genau! Das kann ich von hier oben nur bestätigen. 😄 Ich habe mich Gott noch nie so nahe gefühlt wie hier oben auf dem Berggipfel. ✓✓

Einstein
Ja, Gott hat nun mal seine kreativsten, schönsten Ideen in der Natur umgesetzt. Da ist es ja kein Wunder, dass wir Gott dort auch besonders nahe sein können. ✓✓

Marie
Das stimmt. Ich kann nirgendwo so gut mit Gott reden wie beim Schlendern durch Wälder und Wiesen. ✓✓

Ben
Und ich singe gerne, wenn ich mal alleine in der Natur bin. Da hört auch niemand, wenn's schief klingt. 😊 ✓✓

Leon

Ich hab auch gemerkt, dass ich hier draußen endlich mal so richtig zur Ruhe kommen kann. Kein Lärm, niemand will was von mir. Ich war selten so entspannt wie jetzt. ✓✓

Lisa

Leute, ihr habt mich echt neugierig gemacht. Besonders Leon. 😄 Ich weiß nicht, wann ich mir das letzte Mal richtig Zeit genommen habe, um in die Natur zu gehen ... Das soll anders werden. ✓✓

Leon

So, ich mach mein Smartphone wieder aus. Und widme mich wieder der großartigen Schöpfung um mich herum. 😄 ✓✓

Lisa

Und ich bin auch raus! Gehe in den Park. Adieu, Leute. 😄 ✓✓

Einstein

Genießt es! 😄 ✓✓

Hier endet der Chat

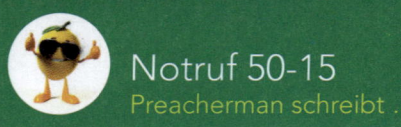

Notruf 50-15
Preacherman schreibt …

Preacherman
Hallo zusammen! Meine Frage an euch heute:
Wer kennt Joschafat?

Marie
Also ich nicht. 😊

Ben
Nie gehört. Ein Rapper vielleicht?

Preacherman
Rapper nicht ganz. Er war ein König. 😂 Ist aber schon
lange her, dass er gelebt hat. Ungefähr 2.800 Jahre.

Lisa
Ohoo. Und was macht ihn so besonders,
dass du ihn heute „ausgräbst",
Preacherman? 😊

Preacherman
Joschafat war König von Juda. In seiner Zeit gab es
leider viele Kriege. Ein ganz schlimmer stand nun bevor.
Gleich mehrere Völker griffen an. Zu lesen in der Bibel
im Buch 2. Chronik.

Preacherman
Joschafat und das ganze Volk hatten Todesangst. Sie riefen zu Gott um Hilfe. Und Gott sagte: Leute, habt keine Angst! Vertraut mir, und ich werde für euch kämpfen. ✓✓

Leon
Krass. Was für ein Versprechen! ✓✓

Marie
Und wie ging's dann weiter? ✓✓

Preacherman
Joschafat und das ganze Volk vertrauten Gott. Und dann zogen sie los. Aber Joschafat befahl etwas sehr Ungewöhnliches: Ganz vorne in der ersten Reihe liefen nicht die Top-Soldaten, sondern da lief die Worship-Band! Und die sang die ganze Zeit Loblieder. ✓✓

Lisa
Oha. Und das ging gut? ✓✓

Preacherman
Und wie!! 😄 Die gegnerischen Krieger gerieten in einen Streit und bekämpften sich gegenseitig. Abgefahren, oder? Joschafat und sein Volk mussten überhaupt nicht kämpfen! ✓✓

Marie
Wie? Die haben gewonnen, ohne einen Finger krumm machen zu müssen!?? ✓✓

Gott

Ganz genau! 😂 Die Idee mit der Worship-Band war doch gut, oder? So hielten Joschafat und seine Leute ihren Blick allein auf mich gerichtet. ✓✓

Lisa

Stark! 👍 ✓✓

Gott

Meine geliebten Kinder, auch heute noch gilt: Wenn ihr Probleme habt, dann ruft den himmlischen Notruf! Ruft mich um Hilfe. Ich will euch retten. Und ihr sollt mich dann so richtig fett loben und mir danken! (nach Psalm 50,15) ✓✓

⚙ Hier endet der Chat ⚙

X-MAS-Special
Leon schreibt ...

Leon
Puh. Weihnachten! Jedes Jahr wieder Geschenke kaufen, überfüllte Geschäfte, gestresste Leute, das ganze Glitzer-Leucht-Zeugs überall. Ich hab so gar keinen Bock auf die Weihnachtszeit. 😞 Ihr?

Marie
Den Stress und den Geschenkekrampf mag ich auch nicht. Aber sonst ist Weihnachten doch sooo schön! Vor allem die Lichter und so ... 😄

Ben
Geht so. Ich muss noch so viel fertig bekommen bis zum Ende des Jahres. Kann den Advent gar nicht genießen und bin nur froh, wenn ich Weihnachten alles geschafft hab.

Lisa
Ich freue mich über Geschenke und darauf, andere zu beschenken. 😄 Auch wenn ich weiß, dass es nicht das Wichtigste ist ... 😊

Preacherman
Also, ich finde Weihnachten super – wegen der Weihnachtsgeschichte. Die bringt mich immer wieder zum Staunen, trotz des ganzen Trubels drum herum ...

Ben
Na ja, diese Story kennt ja fast jeder auswendig, oder?

Preacherman
Nun, stellt euch doch mal vor, ihr würdet die Geschichte nicht kennen. Und ihr sollt deren Verlauf mitbestimmen. Also: Der König der Welt, der Messias, soll geboren werden. Es gibt eine Verhandlung darüber: Wo soll das geschehen? Und wie? Wer darf zuerst gratulieren? Und wer sollen die Eltern werden? Bühne frei! 😄

Leon
Ich beantrage, dass der König in einem prächtigen Palast geboren wird.

Lisa
Und die Eltern sollen selbst ein Königspaar sein. Oder zumindest Adlige oder ganz besondere Menschen.

Ben
Ich bin dafür, dass er im mächtigsten Land der Welt geboren wird. So erkennen ihn dann sicher alle an.

Marie
Das Kind soll gleich in eine goldene Wiege gelegt werden. Von Experten angefertigt.

Einstein
Die besten Ärzte und Hebammen begleiten die Geburt, damit das Kind von Anfang an in besten Händen ist.

Ben
Die ersten Gratulanten des Kindes sind die Könige und Präsidenten der Welt. ✔✔

Lisa
Das Kind muss von den besten Bodyguards beschützt werden, falls es jemand töten will. ✔✔

Marie
Und es muss die schönsten Geschenke der Welt bekommen. 😂 ✔✔

Preacherman
Danke euch! Schon auffallend, wie ganz anders die Weihnachtsgeschichte in der Bibel erzählt wird, nicht wahr? ✔✔

Leon
Ja, echt das krasse Gegenteil. ✔✔

Preacherman
Die Eltern sind einfache Leute, nicht berühmt. Das Land Israel, die Stadt Bethlehem – eher unbedeutend zu der damaligen Zeit. Die Geburt in einem Stall. Statt Arzt oder Hebamme ist da nur ein Esel, der zuschaut. Die ersten Gäste sind einfache Hirten vom Feld nebenan – Leute, die zu den unbedeutendsten und ärmsten Menschen damals zählten. Und nach der Geburt muss die Familie mit dem Baby gleich auf die Flucht, weil das Kleine getötet werden soll ... ✔✔

Einstein
Ja, total anders als das, was wir uns ausgedacht hatten. ✔✔

Preacherman
Und genau das ist die eigentliche Botschaft von Weihnachten: Gott ist nicht für die besten, größten, geilsten, reichsten Menschen auf die Welt gekommen. Und auch nicht mit viel Getöse, viel Kohle und Glitzer. ✓✓

Preacherman
Und er will gerade die dabei haben, die arm sind: die Außenseiter, die Flüchtlinge, wie er selber einer war. Und die ganz normalen Menschen, die, die keinen Sonderstatus haben – Leute wie du und ich. ✓✓

Einstein
Das ist das eigentliche Special zu Weihnachten! ✓✓

Lisa
Ich hab grad echt 'ne Gänsehaut ... ✓✓

Marie
Jede und jeder ist gleich bei Gott. Das ist eine einmalig schöne Botschaft! ✓✓

Leon
Gott ist immer so mega-komplett anders, als alle es erwarten. ✓✓

Gott
Tja, Leute, so bin ich eben. ✓✓

🔧 Hier endet der Chat 🔧

Einzigartig begabt
Lisa schreibt …

Lisa
Hi Leute, ich bin gerade ziemlich down. Ich muss doch das Einser-Abi schaffen, weil ich später studieren und einen Job haben will, in dem man richtig viel Kohle verdient!

Einstein
Und du meinst, du bist nur die Beste, wenn du das beste Abi hast und viel verdienst???

Lisa
Na ja. Also … hm. Nein, eigentlich ja nicht. Ach, menno. Aber ich will trotzdem die Beste sein!!

Einstein
Ich hab den Eindruck, dass du extrem unter Druck stehst, Lisa. Kann es sein, dass andere wollen, dass du die Beste bist?

Lisa
Hm ja, möglich …

Einstein
Mensch, Lisa, lass dich nicht verbiegen. Du bist etwas ganz Besonderes! So wie du bist. Und mit dem, was du kannst – mit deinen Begabungen, Talenten und Stärken. Und das gilt für jeden Menschen!

Marie
Das stimmt. Ich bin auch nur so mittelgut in der Schule. Dafür kann ich super mit Kindern umgehen und mich um ältere Menschen kümmern. ✓✓

Ben
Ich bin gut in Technik, Holz und so. Lernen dagegen fällt mir mega-schwer. ✓✓

Leon
Mir fällt das leicht. Dafür bin ich in handwerklichen Sachen eine Null. Da bewundere ich, wie gut Ben das kann. Hammer! 😄 ✓✓

Preacherman
Genau das ist es: Jede und jeder ist auf einem anderen Gebiet stark. Und Gott liebt alle gleich. Er hat jeden von euch toll gemacht. Und wenn ihr eure Stärken, die Gott euch geschenkt hat, einsetzt, dann ist das eine großartige Sache! 😄 ✓✓

Lisa
Wie kann ich denn herausfinden, was meine Stärken sind? ✓✓

Einstein
Ja, manchmal muss man seine Stärken erst noch entdecken. Da hilft es, einfach mal neue Dinge auszuprobieren. Als Hobby oder in einem Praktikum – oder auch innerhalb der Gemeinde. Nur wer Neues ausprobiert, wird erfahren, ob er darin gut ist oder nicht. ✓✓

Preacherman

Und gaaanz wichtig: Frage Gott, wie er dich sieht. Und bitte ihn, dir zu zeigen, was du gut kannst! ✓✓

Einstein

Leistung ist nicht alles, Leute. Es ist gut, einfach mal Dinge rein aus Spaß zu machen, ohne Erfolgsdruck – und ohne zu fragen, was das bringt. ✓✓

Einstein

Finde das, was Gott in dich hineingelegt hat. Finde heraus, was du mit Leidenschaft machst – und nicht mit Quälerei und Druck! ✓✓

Preacherman

Und beiß dich nicht an dem fest, was du nicht kannst. Freu dich an dem, was du super hinbekommen hast! ✓✓

Einstein

@alle: Welche Stärken hat Gott dir gegeben? Was denkst du, wie Gott dich sieht? ✓✓

⚙ Hier endet der Chat ⚙

Be blessed – Gott segne dich!
Marie schreibt …

Marie
Komm gerade aus dem Gottesdienst. Am Ende wird da ja immer der Segen gesprochen. Ich finde das immer sehr schön. Aber ich frag mich gerade: Was genau ist eigentlich „Segen"? Was bringt das? ✓✓

Ben
Gute Frage. Hab mir auch noch nie so richtig Gedanken darüber gemacht. ✓✓

Einstein
„Segen" stammt vom lateinischen Wort „benedictio". Das bedeutet wörtlich: „Jemandem Gutes von Gott her zusagen." ✓✓

Preacherman
Meistens wird am Ende des Gottesdienstes ein Segen aus der Bibel gesprochen. In einer modernen Übersetzung klingt das dann so: „Der Herr segne dich und behüte dich! Der Herr blicke dich freundlich an und sei dir gnädig! Der Herr wende sich dir in Liebe zu und gebe dir Frieden!" (4. Mose 6,24–26) ✓✓

Lisa
Ja, das klingt auch schöner als das Deutsch aus der Luther-Übersetzung, mit „Er lasse sein Angesicht leuchten über dir" und so … ✓✓

Preacherman
Wenn ich also jemanden segne, dann sage ich der Person: „Hey, Gott ist bei dir! Und ich wünsche dir, dass dir nichts passiert und du Gottes Liebe und seinen Frieden ganz doll spürst."

Marie
Wow, das ist echt schön.

Leon
Ja, wenn man sich das so bewusst anhört, berührt einen das ganz tief drin.

Preacherman
So ist es. Und diese guten Wünsche kann jeder von euch weitergeben – jederzeit! Nicht nur zu einem besonderen Anlass wie Geburtstag oder in einem Gottesdienst.

Marie
Und ist dann nicht auch jedes Gebet, also wenn ich für jemanden bete und ihm Gutes wünsche, so ein Segen?

Preacherman
So ist es! Man kann den Segen jemandem direkt laut zusprechen oder ihn im Stillen segnen. Oder auch Gott im Gebet um den Segen für diese Person bitten.

Einstein
Ich finde es übrigens besonders schön, wenn mir an der Schwelle zu etwas Neuem in meinem Leben ein Segen zugesprochen wird: an meinem Geburtstag, vor einer Prüfung, zu Beginn eines neuen Tages, vor einer Reise ... In solchen Momenten tut so ein „Gott ist bei dir!" besonders gut.

Leon
Oh ja, das stimmt! ✓✓

Einstein
Übrigens hat der Theologe Dietrich Bonhoeffer mal gesagt: „Wer selbst gesegnet wurde, der kann nicht anders, als diesen Segen weiterzugeben." Diesen Satz finde ich stark. ✓✓

Preacherman
In diesem Sinne: Wem sagst du heute: „Hey, Gott ist bei dir!"? Wem wünschst du, dass er oder sie Gottes Liebe und seinen Frieden ganz doll spürt? ✓✓

Einstein
Gott segne euch alle! ✓✓

Marie
Und dich auch! ✓✓

⚙ Hier endet der Chat ⚙

 Anmerkungen

1
https://chrismon.evangelisch.de/artikel/2017/36670/elyas-mbarek-ueber-liebe-karriere-und-schuldfuehl-als-er-als-kind-einen-kaugummi-klaute (zuletzt abgerufen am 19.3.2018) ✓✓

2
https://www.welt.de/newsticker/dpa_nt/infoline_nt/brennpunkte_nt/article135208976/Juengste-Nobel-preistraegerin-Malala-haelt-beruehrende-Rede.html (zuletzt abgerufen am 5.7.2018) ✓✓

3
http://www.rp-online.de/schulprojekte/texthelden/artikel-und-klassenfotos/artikel/malala-juengs-te-nobelpreistraegerin-aller-zeiten-aid-1.4804331 (zuletzt abgerufen am 5.7.2018) ✓✓

Für den besten Start in den Tag

„Jesus ist immer online. Seine Statusmeldung lautet nie: ‚Bin beschäftigt.‘ Er ist ganz nah an deinem Leben dran und will den Alltag mit dir teilen."

Nelli Löwen

Mit Begriffen von „A" wie „Allroundgenie" über „I" wie „Instagram" bis „W" wie „WhatsApp" bieten die Andachten in diesem Buch deinem Hirn reichlich Futter. Aber nicht nur deine grauen Zellen werden an die Nährstoff-Pipeline angeschlossen – auch deine Seele. Und wenn es um echtes Soulfood geht, bist du bei Gott an der richtigen Adresse! Die 44 Andachten machen gute Laune, rüsten dich aus für den besten Start in den Tag, und zwar unabhängig vom Brotaufstrich.

Verena Keil (Hg.) • Nutella für die Seele
Klappenbroschur • 176 Seiten • ISBN 978-3-95734-206-5

Wahre Storys für Teens

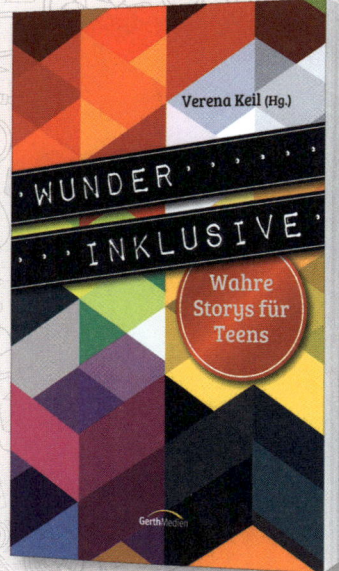

„Die Erfahrungen der Autoren zeigen Gottes Liebe, Güte und Großzügigkeit. Es ist schön davon zu lesen, denn es gibt einem selbst Kraft."

Leserstimme

Gott ist großzügig. Er gibt gern, reichlich und mit großer Freude. Weil er uns liebt! Das haben auch die Autoren erlebt, die ihr ganz persönliches Erlebnis mit Gott für dieses Buch aufgeschrieben haben. Und sie haben allesamt die Erfahrung gemacht: Mit Gott kann man was erleben – und das ist immer wundersam, erstaunlich, heilsam, befreiend, ermutigend. Wenn er eingreift, passieren Wunder, auch wenn man sie manchmal fast übersieht oder erst im Nachhinein erkennt. Diese Geschichten ermutigen, Gott zu vertrauen. Und sich auf ein ganz persönliches Wunder bereit zu machen!

Verena Keil (Hg.) • Wunder inklusive
Taschenbuch • 160 Seiten • ISBN 978-3-95734-477-9

Impressum

⋮

Der Verlag weist ausdrücklich darauf hin, dass im Text enthaltene externe Links vom Verlag nur bis zum Zeitpunkt der Buchveröffentlichung eingesehen werden konnten.
Auf spätere Veränderungen hat der Verlag keinerlei Einfluss.
Eine Haftung des Verlags ist daher ausgeschlossen. ✓✓

MIX
Papier aus verantwortungsvollen Quellen
FSC® C084279 ✓✓

© 2018 Gerth Medien GmbH,
Dillerberg 1, 35614 Asslar ✓✓

1. Auflage 2018
Bestell-Nr. 817515
ISBN 978-3-95734-515-8 ✓✓

Umschlaggestaltung: Joana Kielhorn
unter Verwendung von Shutterstock
Lektorat: Verena Keil
Satzlayout und -konzeption: Immanuel Grapentin
Satz: Anne Weigel
Druck und Verarbeitung: Print Consult GmbH, München ✓✓

www.gerth.de ✓✓